本书是河北省高等学校人文社会科学研究青年基金项目"'双一流'建设院校翻译硕士培养过程中的思政教育问题研究"（SQ2021050）阶段性研究成果

理工类院校翻译硕士培养模式探究

李 晨 著

吉林大学出版社

·长 春·

图书在版编目（CIP）数据

理工类院校翻译硕士培养模式探究／李晨著. —长春：吉林大学出版社，2023.11

ISBN 978-7-5768-2581-7

Ⅰ.①理… Ⅱ.①李… Ⅲ.①翻译–研究生教育–人才培养–培养模式–研究–中国 Ⅳ.①H059–4

中国国家版本馆 CIP 数据核字（2023）第 225261 号

书　　名：理工类院校翻译硕士培养模式探究
LIGONGLEI YUANXIAO FANYI SHUOSHI PEIYANG MOSHI TANJIU

作　　者：李　晨
策划编辑：黄国彬
责任编辑：张维波
责任校对：刘　丹
装帧设计：姜　文
出版发行：吉林大学出版社
社　　址：长春市人民大街 4059 号
邮政编码：130021
发行电话：0431–89580028/29/21
网　　址：http://www.jlup.com.cn
电子邮箱：jldxcbs@sina.com
印　　刷：天津鑫恒彩印刷有限公司
开　　本：787mm×1092mm　1/16
印　　张：10.5
字　　数：160 千字
版　　次：2024 年 3 月　第 1 版
印　　次：2024 年 3 月　第 1 次
书　　号：ISBN 978-7-5768-2581-7
定　　价：58.00 元

前　言

随着全球化进程的加速和国际交流的不断增加，对翻译专业人才的需求也日益增长。在这一背景下，翻译硕士专业学位研究生教育作为培养高水平翻译人才的重要途径，受到了广泛关注。然而，目前理工类院校翻译硕士培养模式在实践中面临着一些问题和挑战。

第一，课程设置不够贴近实际需求。由于翻译领域的多样性和复杂性，传统的课程设置往往无法满足学生的实际需求，需要更加注重实践能力的培养和专业知识的更新。第二，师资队伍建设和双选环节有待改进。理工类院校在翻译领域的师资力量相对薄弱，导师队伍的专业背景和实践经验有待提升，导致学生在研究生阶段得到的指导和支持不够充分。第三，实践基地建设和维护不够完善。翻译硕士专业学位研究生教育需要向学生提供实践机会和实践环境，但目前实践基地的建设和管理存在一定的问题，无法满足学生的实践需求。第四，实践过程监管不够严格。在实践过程中，缺乏有效的监管机制和评估体系，导致对学生的实践能力培养效果不佳。第五，毕业论文选题和写作存在问题。学生在毕业论文选题和撰写过程中，缺乏系统的指导和规范，导致论文质量参差不齐。

为了解决这些问题，本书对理工类院校翻译硕士培养模式进行了深入探究。研究内容包括翻译硕士培养单位基本情况、办学理念、培养方案的制定与修订、校内导师和校外导师的选择与考核、翻译硕士校内外实践的安排与考核、翻译硕士毕业论文的选题与写作框架构建、思政元素在翻译硕士培养过程中的应用以及校院两级国际化办学体系下翻译硕士教师的国际化进程等方面。

通过对这些方面的研究，本书提出了一系列发展建议和改进措施。例如，针对课程设置不够贴近实际需求的问题，建议加强与行业合作，引入实践课程和案例教学，提升学生的实践能力。针对师资队伍建设和导师选择存在不足的问题，建议加强导师培训和评估，提高导师的专业水平和指导能力。针对实践基地建设和维护不够完善的问题，建议加强与企业和机构的合作，提供更多实践机会和资源支持。针对实践过程监管不够严格的问题，建议建立完善的实践管理和评估机制，确保学生的实践能力得到有效培养。针对毕业论文选题和写作存在的问题，建议加强论文指导并确定规范，提供学术写作的培训和支持。

通过这些改进措施，可以促进理工类院校翻译硕士培养模式的发展，提高翻译硕士专业学位研究生教育的质量和效果，培养更多高水平的翻译人才，满足社会对翻译专业人才的需求。

本书共分为四部分。

第1章从翻译硕士学位设置的整体背景出发，介绍了翻译学的内涵、翻译学科的建立及其在本科阶段的发展历程，以及翻译硕士专业的建立和我国翻译硕士学位的时代发展背景。同时，还对我国翻译硕士学位的学科发展背景进行了细致的分析，包括已有的教育经验、科研基础、师资队伍建设、软硬件设施和生源结构等。

第2章主要介绍了理工类院校翻译硕士培养的发展现状。首先，阐述了理工类院校的含义及特征，为后续的分析提供了基础。然后，通过对理工类院校翻译硕士教育发展现状的总结，以及对其培养方案、师资队伍、软硬件设施、科研成果、实践教学环节、毕业论文和就业情况等方面的详细分析，全面展示了理工类院校翻译硕士培养的现状和特点。

　　第3章，详细介绍了翻译硕士培养单位的基本情况，包括学院的背景和规模等。同时，还解析了学院的办学理念，包括对专业学位教育的认识和办学特色。此外，还介绍了培养方案的制订与修订过程，包括培养目标、培养方式、课程设置与实践教学以及学位论文等。同时，还详细介绍了校内导师和校外导师的双向选择与考核，包括互选程序以及遴选与考核要求等。此外，还介绍了翻译硕士校内外实践的安排与考核，包括目的和内容以及考核与管理等。接着，还探讨了翻译硕士毕业论文的选题与写作框架构建，包括选题要求、形式及要求等。最后，我们还将介绍思政元素在翻译硕士培养过程中的应用，包括思政教育的重要性以及在培养过程中融入思政教育的方方面面。

　　第4章，分析理工类院校翻译硕士培养过程中遇到的问题，并提出相应的解决建议。本章从课程设置、师资队伍建设和导师双向选择、实践基地的建设与维护、实践过程的监管以及毕业论文的选题与写作这几个方面开展论述。同时，还提出相应的建议，包括修订培养方案、加强师资队伍建设、新增高水平实践基地、加强实践过程监管以及拓展毕业论文写作形式等。

　　在本书的撰写过程中，我要向许多人表示衷心的感谢，他们的帮助和支持对于本书的完成起到了重要的作用。

　　首先，我要感谢参与本研究的理工类院校的教师和学生。他们在研究数据的收集和分析过程中提供了重要的支持和合作。他们积极参与调查问卷的填写和访谈，为本研究提供了丰富的数据和信息。他们的参与和配合使得本研究的结果更加准确和可靠。

　　此外，我还要感谢我的家人和朋友们。他们在我撰写本书的过程中给予了我无私的支持和鼓励。他们理解并支持我投入大量的时间和精力来完成本书，给予我宝贵的心理支持和鼓励。他们的陪伴和鼓励是我坚持下去的动力。

　　最后，我要感谢所有对本书撰写和出版做出贡献的人，包括编辑、校对和排版人员。他们的辛勤工作使得本书能够以最佳的形式呈现给读者。他们的专业素养和细致的工作态度为本书的质量提供了保障。

在此，我向所有给予我帮助和支持的人表示最诚挚的谢意。没有你们的支持，本书的完成将是不可能的。谢谢！

希望本书能够为您提供有关翻译硕士培养环节的详细信息，并为理工类院校翻译硕士培养模式的发展提供有益的建议。

燕山大学外国语学院　李晨

2023 年 9 月

目　录

第 1 章　翻译硕士学位设立
背景及发展历程

1.1　翻译硕士学位设置的整体背景

1.1.1　翻译学的内涵

翻译将不同民族、不同文化连接起来，在我国历史进程中一直发挥着不可替代的作用。《后汉书》中记载："……越裳以三象重译而献白雉，曰：'道路悠远，山川岨深，音使不通，故重译而朝。'"此部分内容是我国最早的口译记录，我国的笔译活动则始于东汉时期(辛全民，2011)[85]。从汉代的佛经翻译，到辽国时期契丹人为统治其他民族而设的通事一职，再到明末清初的科技翻译，翻译或作为统治阶级巩固政权的手段，或作为爱国学者救亡图存的武器。翻译活动不仅促进了不同文化之间的沟通和相互渗透，而且推动了文化的传承和发展。因此高度重视翻译教育的重要性，加强翻译人才的培养和翻译研究的推广，对推动世界文化多样性的繁荣发展至关重要。

作为翻译活动不可或缺的核心和主体，译者的培养需要基础的外语教育。只有通过系统的外语教育，译者才能具备扎实的语言和文化素养，为翻译活动提供可靠的支撑和保障。我国的外语教育历史源远流长，回回国子学被认为是最早的外语学校。其在元朝时期成立，教授波斯文。此后还有明朝于 1407 年设立的四夷馆，负责翻译其他民族及波斯、缅甸等国的语言文字。京师同文馆作为我国第一所官办外语专门学校，成立于 1862 年，被认为是中国近代教育的前身，我国外语教育由此开启。1905 年科举制被废除后，以张之洞为代表的洋务派提出兴办学堂、建立新学制的改革方案，并在《奏定学堂章程》中提出必须努力学习洋文，要求中学堂以上的各个学堂都必须遵守。至此，我国外语教育开始被纳入官方议程(冯乐璋，2002)[5]。

随着 1912 年中华民国的成立，一系列教育相关法令随即问世。《普通教育暂行课程之标准》中规定，高等小学校需加设每周四个小时的外国语课程，"以英、法、德、俄四国为限。由各省教育行政官视地方情形以指定之。"随着外语教育在民国时期的持续发展，205 所高等学校中已有 41 所开设了外国文学系科。除此之外，我国近代还派出了大批留学生前往国外学习，涌现出了以鲁迅、梁实秋、林语堂、瞿秋白等人为代表的诸多优秀学者，他们为我国外语学科建设、翻译事业的进步奠定了基础，为翻译学做出了莫大的贡献。

翻译学作为一门"研究翻译的科学"，涉及了语言学、文学、社会学和心理学等多个学科。其主要研究内容包括：一、翻译的起源、发展和影响因素等；二、翻译的目的、对象、标准和原则等；三、翻译的策略、技巧和效果等；四、各类翻译的特点和不同要求(如文学翻译、科技翻译、口译翻译等)；五、探索语言转换的科学性和艺术性，包括语言转换的原理、方法和效果等；六、确定翻译员所需的素养、才能和提高途径，包括翻译人员的能力、知识和技能等；七、预测翻译事业的发展方向。因此，翻译学的研究成果不仅拥有学术价值，也具有实践意义，在为翻译实践提供理论指导的同时，促进了不同文化之间的交流与理解，推动了全球化进程的发展。

然而，在以往的外语教学中，翻译往往只作为提升学生外语能力的训练手段。直到 1978 年教育部下发的英语专业四年制教育计划中，首次在"听""说""读""写"的语言技能中加入"译"作为学生应当掌握的技能，翻译能力作为教学目标的地位才得到确立(冯思敏，2013)。翻译学科和外语学科紧密关联、相辅相成，但二者在研究内容、培养目标、课程设置、就业方向等方面均有差异。

一、从研究内容来看，外语学科注重于对某种语言的语音、语法、词汇、语用等方面进行研究，与之相比，翻译学科更侧重于研究语言之间的转化和交流的理论、技巧。翻译专业的学生则需要掌握多种语言的翻译技能，了解不同文化之间的差异和交流方式。二、从培养目标来看，外语专业以培养具有扎实语言功底和文化素养的专业人才为目标。这些人才需要具备良好的外语基本技能和异文化理解能力，能了解该语种所处的文化背景和社会环境。而翻译专业人才不仅需要具备扎实的语言功底和中外文化背景知识，还需要更加注重实践能力的培养，在实际翻译过程中不断提高学生的翻译水平。三、从课程设置来看，外语专业主要设有语音、语法、词汇、语用、文学、历史、文化等方面的课程。学生需要通过上述课程掌握该语种的语法规则和词汇用法，同时还需要了解该语种的文学、历史、文化等方面的常识。翻译专业的课程安排则更加注重翻译理论、翻译技巧和实践等方面。学生被要求在学习翻译理论和方法的同时，准确把握各种翻译工具和技术。由此可见，翻译课程的教学重点不仅包含系统的课堂教学，更需要大量的翻译实践，以造就具有合格翻译能力的人才。李红丽(2014)以英语专业中的翻译课程为例，将其分为了基础和提高的两个阶段。在翻译课程的基础阶段，学生应当掌握必要的翻译基本功，能翻译日常性或应用性题材的文章，达到信达雅的标准；在翻译课程的提高阶段，则需要优化学生的知识结构，以全面提升他们的知识水平和文化素养。具有一定的文章鉴赏能力和审美水平。四、从就业方向来看，外语专业毕业生可以在学校、企事业单位、媒体等领域就业，从事外语教育、翻译、商务、新闻等工作。翻译专业的学生则多在政府机构、企事业单位、翻译公司等领域就业，从事各种类型的翻译工作。

翻译作为一种复杂的社会实践活动，长久伴随着我国的外语教育，历史悠久。翻译学科从外语学科中独立出来之后，其研究内容和方法已经逐渐得到拓展和深化，内涵不断丰富。随着社会的进步和全球化的推进，翻译行业的需求不断扩大，翻译专业逐渐受到关注。在此背景下，翻译专业逐步得到确立，不仅大大促进了翻译学科的发展，也为翻译人员的培养提供了更加完善的机制和体系。但翻译专业的建立并非一帆风顺，而是经历了漫长的过程。

1.1.2 翻译学科的建立及其在本科阶段的发展历程

从四夷馆到京师同文馆，我国的翻译教育起步并不算晚，但直到1997年，我国内地第一个翻译系才成立于广东外语外贸大学。在此之前，翻译只是一门从属于英语专业的高级课程。正如仲伟合(2021)[19]所言，我国本科阶段的翻译专业(BTI)经历了至少四个过程(选修课程—专业核心课程—翻译专业方向—翻译试办专业)，才最终发展成了独立的、正式的翻译专业。

有学者将新中国翻译学科的发展分为了三个阶段：萌芽期、成长期、发展期(王克非，2019)[820]。其中，1978年的改革开放作为萌芽期和成长期的分水岭，为我国翻译理论的繁荣创造了良好条件。张莹(2020)则将我国翻译学的发展分为了起步(1979—1984年)、初建(1984—1994年)、疆域拓展(1994—2004年)、独立化和多元化(2004—2014年)、新任务和新挑战时期(2015年至今)五个阶段。其中，初建时期的研究涵盖了包括翻译理论、翻译学科建设在内的多个领域。这些研究成果初步建立了我国翻译学科的知识框架，为翻译理论在我国的发展打下了坚实的根基。

1951年，董秋斯在《翻译通报》的第二卷第4期上首次呼吁推进我国翻译学发展，并明确提出了需完成翻译史的编写和建立翻译学两大任务，为未来的翻译学学科奠定了基础。1982年中国翻译协会成立。1987年，由中国译协、江苏省译协、山东省译协、青岛市译协联合主办的"第一次全国翻译理论研讨会"在青岛召开，与会者来自全国 27 个省市区，提交论文 80 余篇，就能否建立中国翻译学及怎样建立中国翻译学等问题进行了研讨。此次会议唤起了译界的翻译学学科意识，标志着我国翻译学正作为一门独立学科从酝酿阶段进入具体设计阶段。同年，谭载喜在发表于《中国翻译》的《必须建立翻译学》一文中指出了我国翻译学研究工作落后于国外的状况。他认为，要加快发展我国翻译学，就必须将翻译学作为一门独立学科，应当创办并设立翻译学校、翻译学系以及翻译相关研究机构。2001 年，青岛举办了"全国译学学科建设专题研讨会"，就译学的宏观构建及译学的学科建设现状、构建板块、人才培养等方面进行了深入探讨。2004 年 5 月，四川举行了我国第一届翻译学学科理论建设研讨会，与会代表一致认为，翻译学已成为独立学科。在我国翻译学者一系列的不懈推进下，翻译学得以作为一门独立学科存在并持续发展。

20 世纪 90 年代初，顺应时代发展的要求，我国内地的一些高校开始在以英语专业为主的外语专业课程中设立翻译方向，增设翻译课程，以提高学生的翻译实践能力。1993 年，在我国较为先进的东南沿海地区，以广东外语外贸大学、厦门大学为首的高校开始培养翻译专业人才①。自此，我国开启了本科翻译教育的进程(平洪，2014)。

据中华人民共和国教育部(教高)〔2006〕1 号文件②显示，复旦大学、河北师范大学、广东外语外贸大学三所学校获批设立四年制翻译本科专业，自 2006 年开始招生。专业代码 050255S，为少数高校试点的目录外专业。以此为标志，翻译专业在本科阶段获得了合法地位，我国翻译学科的建设也迎来了新的发展。此后，多所高校陆续获批设立翻译本科专业，翻译专业人才的培养规模逐年上升(如图 1-1 所示)。

---

①　平洪(2014：53)提及："1993 年英国文化委员会与广东外语外贸大学和厦门大学合作的'高级口笔译项目'，被视为我国本科翻译专业教育的开始"。

②　《关于公布 2005 年度教育部备案或批准设置的高等学校本专科专业结果的通知》。

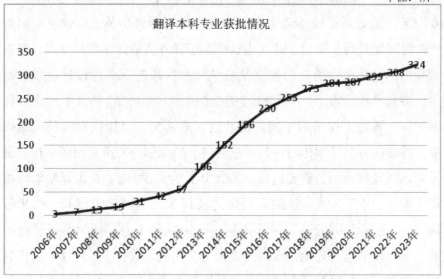

图 1-1　翻译本科专业获批情况

数据来源：中华人民共和国教育部官方网站

　　为了提高翻译专业本科生的培养质量，规范培养要求，创新培养模式，广东外语外贸大学与外语教学与研究出版社联合牵头，于 2009 年起草了《高等学校翻译专业本科教学要求》（以下简称《教学要求》）（仲伟合，2011）。《教学要求》指出，办学应当多元化、特色化，充分考虑学校的自身特色、所处地域的人才需求，综合考虑生源及就业问题，自主规划培养方案（平洪，2014）。《教学要求》的提出对提高翻译人才培养的质量和水平意义重大，是高等学校翻译专业教学改革的重要标志，而"高等学校翻译专业教学协作组"的成立，则为该改革提供了有力的组织和保障。

　　2010 年 10 月，教育部成立了全国性的专家组织——"高等学校翻译专业教学协作组"，以推动翻译专业教学的协作与发展。协作组的成立旨在推动我国高等学校翻译专业的教学改革和提高翻译人才培养质量。其主要任务包括：①研究和制订高等学校翻译专业的教学标准和教学大纲；②组织研究翻译教学并改进教学方法；③加强高等学校翻译专业师资队伍建设；④推动高等学校翻译专业与社会实践相结合，提高学生的实践能力；⑤加强高等学校翻译专业的国际合作和交流，提高翻译人才的国际化水平。《教学要求》由协作组进行了数次修改后，最终于 2012 年 7 月正式出版。同年 9 月，教育部对《普通高等学校本科专业目录》(1998 年版) 进行了修订，形成了《普通高等学校本科专业目录 (2012 年)》。为了便于新目录的实施，教育部制定了《普通高等学校本科专业目录新旧专业对照表》(以下简称《对照表》)，在《对照表》中，翻译专业的代码由 2006 年公布的代码 050255S (试办专业) 变更为 050261(正式专业)。一系列事件标志着翻译本科专业的正式确立，我国翻译专业本科阶段的教学和人才培养进入了规范化和正规化的阶段。

1.1.3　翻译硕士专业的建立

按照一般学科的发展规律，我国译学的演进可以分为肇始期、试创期、发展期、建成期四个阶段(黄忠廉，2020)[2]。此分类的提出者黄忠廉先生认为，依照杨自俭(2005)[2]的译学建设五大标准①，我国的译学建设仍处于发展期中。有学者指出，只有形成了完整的学士、硕士、博士的教育体系，一个完整的学科体系才算建立了起来(庄智象，2007)[6]。也有学者认为，一门独立的学科应当至少进入二级学科，而研究方向或"三级学科"的名称并不规范，应称作"方向"(潘文国，2004)[12]。因此，翻译学能否恢复二级学科的地位至关重要。

1993 年 7 月，我国开始实施《中华人民共和国学科分类与代码国家

---

① 出自杨自俭 1999 年 11 月在上海翻译研讨会大会发言。即"1. 研究对象和领域是否清楚；2. 学科性质是否明确；3. 学科的理论体系是否构成(包括是否有分级的范畴；范畴界定是否清楚并前后一致；范畴是否形成严密的逻辑体系；理论是否普遍有效)；4. 本学科与相关学科的关系是否清楚；5. 是否建有本学科的方法论"。

标准》①，在此标准下，"翻译学"首次被列为学科名称，归属于"人文与社会科学"门类，属于"语言学"（一级学科）下的"应用语言学"（二级学科）。此时翻译学为三级学科②。1997 年 6 月，国务院学位委员会发布新版《授予博士、硕士学位和培养研究生的学科、专业目录》，其中"翻译"仍然是一门三级学科，归属于"文学"门类，"外国语言文学"（一级学科）下的"外国语言学及应用语言学"（二级学科）。2009 年，《学科分类与代码》③重新修订，"翻译学"（学科代码：7403560）所属的学科门类和学科级别未发生改变。以上标准和目录等文件分别由国家技术监督局和国务院学位委员会颁布，代码系统和学科归属均有差异，但都将翻译（学）列为三级学科。可见，当时的主管部门对翻译的学科性质及所处地位的认识存在着一定的局限性（杨晓荣，2008）[32]，但翻译（学）作为一个学科的存在已得到公认。

早在 1978 年恢复研究生招生后，北京对外经济贸易大学和上海海运学院两所高校就率先于 1979 年开始招收翻译方向的硕士研究生，招生专业为"翻译理论与实践"。这些专业的主要教学内容、教学目标都围绕着翻译专业人才的培养，理论上可以被称为翻译专业。但杨晓荣（2008）[31]指出，在严格的意义上，只有由国家正式批准开设、以"翻译"命名，才能称之为翻译专业。

1980 年 2 月，《中华人民共和国学位条例》通过，学位制度于 1981 年 1 月 1 日正式实施。1986 年 7 月，国务院学位办（现为学位管理与研究生教育司）批准设立"翻译理论与实践"（二级学科）硕士点，该学科归属于"文学"门类下的"外国语言文学"（一级学科）。在此背景下，北京外国语大学、上海海运学院、解放军外国语学院、解放军国际关系学

---

① 即《学科分类与代码》。标准号 GB/T 13745-1992。

② 学科代码 7403560。

③ 标准号：GB/T 13745-2009。

院、内蒙古大学、广西大学、长沙铁道学院、陕西师范大学分为四个批次先后设立了翻译理论与实践专业硕士点(穆雷,1999)[24-26]。

2002 年,国家科学技术部与教育部联合制定了《关于充分发挥高等学校科技创新作用的若干意见》,意见指出,在"科教兴国"的战略支持下推进国家创新体系建设,需要发挥高校的科技创新作用,深化科研教育管理制度改革。提出"逐步将有关学科设置调整的权利下放给高校,授予高校二级学科设置和调整的自主权"。在此意见下,部分高校可以在一级学科的范围内自主设立专业学科。2004 年,翻译学重新成了二级学科,正式获得了在我国高等教育体系中的地位。这一标志性事件是上海外国语大学获得了外国语言文学一级学科博士学位授权,并自主设置了翻译学硕士、博士学位授权点。上外翻译学专业的设立,进一步巩固了翻译学在学术界的地位,为该领域的发展提供更多的机遇和空间。此举为长期以来翻译学科地位的争论做出了阶段性的、正面的总结(谭载喜,2004:31;田雨,2005:26;杨晓荣,2008:32)。

高度信息化时代对翻译课程提出了新的要求。面对翻译教学发展滞缓的现状,有学者认为其根本原因在于翻译学科的建设和翻译课的定位存在问题。翻译学科的定位模糊,会导致教师无法明确教学目的。此外,在 21 世纪初,翻译课堂上普遍存在着两种不良倾向:"不必学"和"学不了",这两种倾向严重阻碍了翻译教学的发展,因而明确翻译学科的定位具有绝对的必要性(李红青等,2004)[23]。

2004 年 5 月,首届全国翻译学学科理论建设研讨会在四川召开,与会者就学科理论建设的主要问题进行了深入探讨。所有代表都认为,现在翻译学已经独立为一个学科,目前的任务是研究如何进行学科建设。此次研讨会的召开,为翻译学学科的发展提供了重要的思想支持和理论指导,为推动翻译学学科的繁荣发展筑牢根基。2006 年,广东外语外贸大学也设立了翻译学专业。上述翻译学位点的设立,为我国培养翻译理论人才创造了条件,对全面推动我国翻译理论发展具有重大意义。

在上述条件下发展而成的翻译学硕士为学术型翻译硕士（master of arts in translation，MA）。为满足社会对高层次、应用型、专业化人才的需求，强化学生的实际翻译能力和翻译素养，提高毕业生在就业方面的竞争力，推动产业升级和经济社会发展，翻译硕士专业学位（master of translation and interpreting，MTI）应运而生。

仲伟合（2006）分析了我国当时的翻译学学科发展现状，他指出，翻译学在我国的高等教育体系尚未得到广泛推广。并在此基础上提出设立"翻译硕士专业学位"有利于高层次翻译人才的培养，因此设立 MTI 具有一定意义的必要性与可行性。自此，MTI 作为我国翻译学科发展的一个新的方向，其设立被提上日程。

近年来，随着全球化进程的加速和国际交流的不断增加，翻译行业迅速发展，翻译硕士专业学位也因此受到越来越多的重视。经过 2006 年三次翻译硕士专业学位设置专家论证会的讨论和修订，《翻译硕士专业学位设置方案》得以完整问世。该方案的正式设立标志着翻译硕士专业学位进入了一个新的发展阶段。随后，我国陆续设立了英语、俄语、日语、法语、德语、朝鲜语、西班牙语、阿拉伯语、泰语、意大利语、越南语共 11 个语种的口笔译翻译硕士专业学位。这些专业的开设，不仅让更多的学生有机会接受系统的翻译专业知识和技能的培养，更有利于提高我国的翻译水平，推动我国的国际化进程。同时，翻译硕士专业学位的开设也促进了翻译行业的规范化和职业化发展。

1.1.4　我国翻译硕士学位的时代发展背景

随着全球化进程的加速，各国在政治、经济、文化等方面的交流与合作不断发展，翻译作为对外交流的重要桥梁和纽带，不可或缺。由此带来的社会对翻译人才的需求也日益增长。与此同时，中国的崛起和改革开放也在不断深化，在对外交流与合作的持续强化下，翻译的需求也随之增加。近年来，全球范围内的国际会议数量不断增加，同时，国外资料的引进也推动了翻译工作的需求。各个领域的国际交流日益频繁，对翻译从业者的专业素质和知识水平提出了更高的要求。在这种背景下，培养更多高水平的翻译专业人才已成为我国进步的必然要求。特别是在商业、政治、文化和科技领域，翻译的作用更加凸显。

在政治领域，翻译能促进国际友好交流与合作，增进友谊与理解，为国际合作与发展提供必要支撑。政府之间的交流和合作是国际社会中的重要组成部分，在两国的沟通中，翻译扮演着极为重要的角色。在政府间签署国际条约、进行外交谈判、组织国际会议等活动中，翻译的作用不仅仅是将一种语言转化为另一种语言，更重要的是，在语言障碍存在的情况下，促进各国之间的相互理解和沟通。

"引进来"和"走出去"作为我国对外开放的两个重要策略，在促进我国经济、科技、文化等领域的发展和提升我国在全球经济和政治体系中的话语权方面具有重要意义。其中，"走出去"战略被正式提高到国家战略层面是在2000年3月的全国人大九届三次会议期间，随后于2001年在《中华人民共和国国民经济和社会发展第十个五年计划纲要》中被写入。自1860年以来，中国翻译的西方著作数量逐渐增加，到20世纪已经达到106 800余册。而西方翻译的中国著作数量仅有几百册。中国在图书贸易进出口方面一直存在逆差，进口书刊金额远大于出口书刊金额，引进版权的数量远远多于输出版权的数量。要真正做到文化"走出去"，我国对翻译人才的需求仍然存在较大缺口，翻译专业人才的培养仍需进一步强化。

2001年7月北京申奥成功，为我国翻译事业带来了前所未有的发展机会。奥运会作为一个全球性的盛会，需要大量的翻译和口译人才。据中国翻译协会的数据显示，2008年北京奥运会期间，共有超过5 000名翻译和口译人员参与到奥运会的翻译工作中。同时，举办奥运会也是一个国家或城市向世界展示自己的重要机会，需要大量的翻译工作者来对其进行宣传和推广。2008年北京奥运会期间，仅新闻中心的翻译人员就达到了1 100人。这对翻译行业提出了更为严格的要求，也为翻译从业者提供了更加广泛的就业机遇和市场需求。

此外，奥运会的举办也为 MTI 专业的学生提供了更为广泛的实践机会和学术研究的话题。在奥运会的各项准备工作和举办过程中，都需要大量的翻译和口译人员参与，这为 MTI 专业的学生提供了更丰富、多样的实践机会，提高了其实践能力和应对实际工作的能力。此外，奥运申办成功也带来了科技和文化的交流与创新，推动翻译行业的创新和发展。翻译和口译技能的发展、新技术和新方法的应用、翻译理论和实践的探索和创新等，都在奥运会举办的过程中得到了更多的实践和应用。因此，可以说，北京申奥成功为中国翻译事业的发展和 MTI 教育的创新提供了更多的发展契机。

在商务领域中，翻译服务是帮助企业突破语言障碍、拓展国际市场、促进贸易往来的重要工具。进入 21 世纪以来，国际贸易自由化和经济全球化的高速发展为各国之间的贸易和经济往来提供了广阔的平台。我国于 1991 年加入了亚太经合组织（APEC），并于 2001 年正式加入了世界贸易组织（WTO），这进一步促进了我国与其他国家之间的贸易和经济往来。随着中国在 WTO 框架下逐步融入全球经济，社会对外语人才的需求已经呈现出多元化的趋势，这也为翻译和口译专业提供了更广泛的发展机会和市场需求。然而，在全球经济一体化和文化多样化的背景下，简单的外语专业知识和基础技能型人才已经不能满足市场需求，亟须培养复合型外语人才。为了满足全球化进程的需求，我们需要加强实践教学，培养更多具备全球视野和跨文化交际能力的人才。

随着我国加入世界贸易组织，对外交流频率不断提高，外宣事务也呈现出快速增长的趋势。在这种情况下，我国也需要对外进行文化输出，以加强与国际社会的交流与合作。举例而言，在经贸领域，反倾销和反补贴案件的数量会大量增加，这就需要我们掌握 WTO 文件和法规，并且需要具备高水平的汉译外人才来掌握我国相关文件（吴启金，2002）[45]。我国加入世贸组织为出口提供了更多的机会，同时面向出口的产品说明书翻译的要求也更加严格。因此，我们需要提高翻译标准并加强翻译人才的培养，以适应入世后对外交流的不断增长和翻译质量的提升要求。

根据高新技术市场调查咨询公司（Allied Business Intelligence Inc. ABI）发布的数据报告显示，2003年全球翻译产值已经超过了130亿美元，其中亚太地区的市场份额占据了约30%。仅中国大陆市场规模就约为127亿元人民币。到了2005年，全球翻译市场规模已经扩大到了227亿美元，中国大陆的翻译市场规模也已达到了210亿元人民币。这进一步表明，翻译和口译专业具有更广泛的发展机会和市场需求，将成为未来经济全球化进程中一个重要的发展方向。可以看出，中国的翻译市场需求正在急剧膨胀，随着改革开放不断加深，我国投资环境与基础设施不断完善，吸引了大批国外投资商的注意，翻译产业正在成为中国经济舞台上的新兴力量（陈玉莲，2012）。

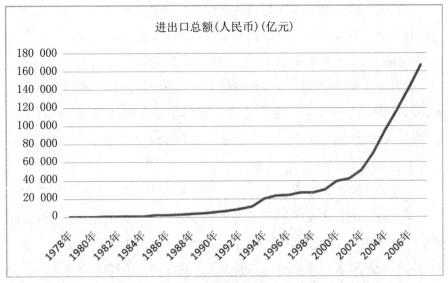

图1-2　进出口总额（人民币）（亿元）

数据来源：国家统计局

此外，我国进出口贸易自改革开放后也蓬勃发展（如图1-2所示）。随着中国与世界各国的经济贸易往来日益频繁，各种商务、技术、文化等领域的交流与合作也随之增加，对翻译服务的需求也越来越大。具体主要表现在以下几个方面。

市场需求增加：越来越多的外国企业和个人涉足中国市场，需要进行翻译和口译服务，这为翻译行业提供了更广阔的市场；专业领域需求增加：随着中国与世界各国在各个领域的交流与合作日益增加，需要进行翻译的内容也越来越多元化和专业化，如商务、法律、医学、科技等领域的翻译需求也随之增加；翻译技术水平提升：为了满足不断增长的翻译需求，翻译行业不断引进先进的技术或工具，如CAT（计算机辅助翻译）工具等，提高了翻译效率和准确度。因此，中国进出口贸易的发展为中国翻译事业的发展提供了重要的依赖和支持，同时也促进了翻译行业的不断创新和提高。

在文化领域，翻译能将各国的文化遗产传播到全世界，促进文化多样性和交流。自改革开放以来，我国对外文化交流逐渐开展，我国的外国文学作品译介工作渐渐繁荣。自1980年至1986年，我国已经翻译出版了来自至少90个国家，1 500位作家的5 300种作品，平均每年译介作品数量达662种，并出版了90多套翻译丛书。1988年至1990年间，平均每年出版作品增加到了800多种，从事外国文学作品译介的出版社也发展至30余家（林煌天，1995）。

在党的十六大积极发展文化产业政策的指导下以及全国宣传思想工作会议上提出的大力发展涉外文化产业战略下，我国积极参与国际文化竞争。在文化产业领域坚持"走出去"战略，自2002年开始便进入了加速发展时期。随着改革开放的不断深入，我国的综合国力明显增强，对外文化工作也发生了重大变化，对外翻译催生了对翻译人才新的需求。

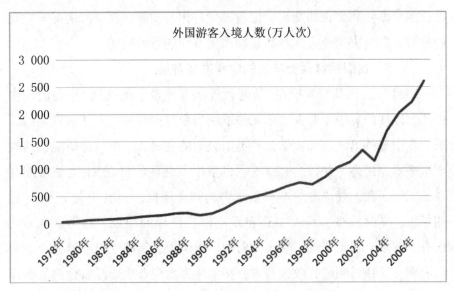

图 1-3　外国游客入境人数(万人次)

数据来源：国家统计局

改革开放带来的又一影响，就是外国游客入境人数的增加(如图 1-3所示)。随着旅游业在全球范围的蓬勃发展，选择来中国旅游的外国游客越来越多，这也催生了翻译和口译服务市场，对翻译行业带来了显著的影响。其中包括促进翻译技术的发展以及促进翻译行业的国际化。这些影响要求翻译行业不断地适应市场需求和技术发展，提高自身的专业水平和服务质量，以更好地满足客户的需求。

由此可见，社会对外国文化交流的需求正在逐年增长。未来应继续加强翻译人才的培养和技能提升，以更好地满足国内外的翻译需求，推动翻译行业的健康发展和国际文化交流的深入推进，高水平、高素质的翻译人才对我国社会和经济的发展来说，有着至关重要的作用。一方面，我们需要将国外先进文化和科技转化为我们自己的语言，以进行了解、吸收和掌握；另一方面，我们也需要将我们的优秀文化传递到国外。因此，翻译人才的培养不仅可以增强我们的文化软实力，还可以推动技术、商业和文化的交流，促进国际合作与发展。在这种情况下，我们迫切需要解决翻译人才在数量和质量方面的短缺问题。

1.1.5 我国翻译硕士学位的学科发展背景

2004 年，何其莘教授在"新时代外语专业教学的挑战"主题演讲中提到，以往的英语专业人才已无法适应当今时代对外语人才多样化的需求。在中等英语教育和大学公共英语教学的发展背景下，外语院校的教学水平亟须提高。仲伟合（2006）[33] 也指出了翻译学科在 21 世纪初期存在的问题：我国外语专业本科教学中的翻译课程，一般开设于大学三、四年级，学时较少，且大多存在重笔译轻口译的现象。截至 2006 年，已有 140 多个院系开设了翻译方向的硕士课程。然而受限于经验、师资等因素，又缺乏明确的政策与方针指引，多数毕业生不具备合格的翻译实践能力与理论研究能力，翻译学的学科地位亟须提升，MTI 的设立刻不容缓。

1.1.5.1 已有的教育经验

在翻译专业人才的培养上，海外和港台地区已经积累了一定的有益经验。例如国际大学翻译学院联合会（CIUTI）的成立以及香港中文大学、台湾辅仁大学等高校对翻译人才的培养，这些成功的翻译教育经验不仅在教育理念、培养模式中，也在课程设置和培养手段等方面为 MTI 的设置提供了许多有益的借鉴。

尽管我国对翻译理论的提出与西方翻译理论的发展时间相差无几，但西方翻译学科的建设要早于我国。1930 年，德国曼海姆就已成立有培养专门商务译员的翻译学院。此后的十年间，日内瓦大学和维也纳大学也创立了翻译学院。第二次世界大战后，全球社会对职业翻译人才的培养变得越来越关注，因此，许多院校也设立了专业翻译教学的相关研究。国际大学翻译学院联合会（CIUTI）成立于 1961 年，彼时正值战后，百废待兴，欧洲开始寻求一条经济一体化的道路，各国之间的政治、经济、文化交流日益密切，翻译人才需求随之增长。以此为契机，瑞士日内瓦大学，德国海德堡大学、美茵茨大学，巴黎索邦大学等欧洲知名高校翻译机构联合创立了口笔译质量研究会(即 CIUTI 的前身)，此时，研究会已对口笔译学科的专业性及其作为独立专业的必要性初具意识。

CIUTI 的成立可以看作是对翻译教育的一次重要推动，标志着翻译教育开始追求更高的质量和专业性。其成员高校不仅仅是翻译专业的教育机构，更是翻译研究的中心，旨在推动翻译学科的发展和研究，并为各国培养高水平的翻译人才做出贡献。随着世界范围内越来越多的高校设立了翻译学的教研机构，翻译也逐渐发展成为一门独立的学科，为各国的经济、政治、文化交流提供了重要的支撑。截至 2006 年，世界范围内共有 200 余所高校设立了翻译学的教研机构。苗菊 & 杨清珍(2014)[53]指出，CIUTI 的翻译教育理念具有"以能力培养为目标、以社会需求为导向、以行业变化为调节"的特点。作为国际上极具权威的翻译教育认证组织，CIUTI 对申请会员资格的高校机构设立了一套包括课程设置、科研水平、基础设施、教学资源等因素在内的审查机制。截至2023 年 3 月，在我国已有五所高校①成为 CIUTI 正式会员。

柯平中(2002)通过实地及网络的系列调查，选择性地介绍了 21 世纪初世界范围内 26 个国家、112 所开设口笔译课程的高校及翻译研究机构的现状。报告指出：当时国外大部分高校开设的翻译专业大多在研究生阶段或同水平，少有像国内高校一般仅在本科阶段开设翻译课的高校。并且，以美国肯特州立大学、德国美茵茨大学为代表的部分高校，已经向本校翻译专业学生提出，在翻译课程外辅修其他专业领域基本课程的要求。此举有利于深化学生的专业知识和技能，提高学生的综合素质，将翻译教育与其他学科相结合，更加符合 21 世纪对跨学科人才的需求。

---

　① 　五所高校分别为：北京外国语大学、上海外国语大学、广东外语外贸大学、北京第二外国语学院、北京语言大学(按照 CIUTI 官方网站成员介绍页面排序)

我国香港作为一个双语地区，英语也是其官方语言之一，因而没有"外语教学"的概念和相关机构。在高等院校里，与英语教学和研究有关的有三个部门，分别是英文系、语言中心和翻译专业。到 2002 年为止，由香港政府拨款建立的 8 所大学中，已经有 7 所设立了翻译系或是翻译课程①。此外，香港中文大学和浸会大学还设有翻译学研究中心，岭南大学设有文学与翻译研究中心。这些院校中大多都设置了翻译硕士学位和博士学位的课程，并且不同学校的翻译教育各具特色。

香港中文大学设有完整的全套翻译课程，包括学士、硕士和博士学位。MA(翻译学硕士)学位学生需要在两学年内修完共 24 个学分的课程。其中，高级翻译研究、汉英翻译研习班和英汉翻译研习班为必修课。另外可选修高级商务翻译、机助翻译、口译、新闻翻译、翻译专题、法律文件翻译等选修课。浸会大学的翻译本科学生需在三年级时进行为期一年的实习。城市大学硕士课程有翻译理论、翻译方法、口译方法、跨文化研究、长篇翻译等必修课及独立研究汉英比较语法、普通语言学、交际口译、术语学、职业口译等选修课。此外，硕士学位申请者还需通过硕士论文考试。

香港高等院校的翻译专业通常拥有 7 至 13 名教师。除担当主修课程的专职教师外，还会另聘专业翻译从业者作为兼职教师，指导学生学习专业领域的翻译课程。辅修课程则由相关院系提供，供学生自选。由于翻译课程与现实生活密切相关，教材不充分，教师需要对实际社会中的翻译需求和实践非常熟悉。香港的翻译专业教师中，多数有过法律翻译、法庭传译或其他方面的翻译实践经验。教师在教学翻译同时，有时也接受口笔译任务。由此可见，香港的翻译教师不仅掌握了翻译学的理论知识，同时也深入了解了实际社会中的翻译需求和运作。

---

① 这 7 所院校为香港中文大学、浸会大学、岭南大学、理工大学、城市大学、香港大学、公开进修学院。

台湾于 20 世纪 80 年代设立了翻译研究所，比之香港较晚，二者具有一定的相似之处。最先设立翻译研究所的为辅仁大学和台湾师范大学，之后彰化师范大学和长荣大学等学校也纷纷设立。台湾翻译人才的培养注重市场需求，在课程设置上更加注重实践，师资上拥有兼职社会工作的教师。

辅仁大学翻译研究所成立于 1988 年，是台湾首个设立的翻译研究所。该校开设的课程包括基础视译、进阶视译、口译入门、基础同步口译、进阶同步口译、进阶逐步口译以及口笔译实习。其中，基础视译是同声传译和接续翻译的热身课程，占 4 学分；进阶视译是针对中英/中日双向的视译课程，通过演练和实践训练学生的语言灵活程度，占 4 学分；口译入门是针对中/英/日三种语言的翻译入门课程，占 2 个学分；基础同步口译是针对中英/中日单向的同声传译课程，占 1 学分；进阶同步口译则是针对中英/中日双向的同声传译课程，衔接逐步口译，占 4 学分；进阶逐步口译是针对经贸、科技、环保、国际政治等技术性会议的会前准备和接续翻译技巧的课程，通过演练、示范和现场指导，培养学生小心求证、精确的习惯，占 4 学分；口笔译实习则是二年级的课程，学生实际参与口笔译工作，学习译前准备和口笔译技巧的灵活运用，占 1 学分。

台湾师范大学于 1996 年成立翻译研究所，有两个专业方向：口译组和笔译组。必修课程包括中国翻译史、翻译研究概论和初级笔译练习。笔译组还必须学习比较文体论、笔译研究方法和进阶笔译练习，口译组则学习口译研究方法、视译、逐步口译和同步口译练习。除此之外，所有的学生还需要参加系列专题讲座，以获取不同领域的背景知识，如美术、音乐、体育、经贸、工业科技、物理等，以便于翻译实践。

海外机构和港台高校的翻译专业教学经验，对我国大陆院校翻译硕士专业的发展和提高起到了重要的借鉴作用。这些机构和高校的翻译人才培养方案注重职业导向，强调学生的实践能力培养，课程设置符合社会市场需求，注重完整性和专业性，突出翻译技能的培养。在教学队伍方面，经验丰富的职业翻译人才担任兼职教师，共同为学生提供高质量的教学资源。课堂教学注重模拟会议教学和口笔译实习等多种教学方法，培养学生实际应用翻译技能的能力。这些翻译教学的最佳实践和经验，对我国翻译硕士专业学位的培养和发展具有深远的意义和价值。

1.1.5.2 科研基础

目前，我国外语语言文学一级学科已经发展成为一个庞大的体系，6个博士学位授权点和28个硕士学位授权点为整个体系提供了坚实的支撑。其下37个博士点和342个硕士点的英语、法语等语种的二级学科建设也颇有成效。这些学科的发展不仅为外语教育提供了强有力的学科基础和支撑，同时也为翻译硕士专业学位的教育提供了重要的保障。

与此同时，网络信息技术的普及应用为翻译活动带来了巨大的变革。翻译数据库的应用，在提高了同等条件下翻译的质与量的同时，也对翻译的理论研究和翻译教学提供了支持。2001年，由英国柯林斯出版公司赞助，北京大学计算语言学研究所、中国科学院软件研究所、伯明翰大学语料库语言学研究中心等学术机构参与开发的"基于汉、英语平行语料库的翻译数据库设计"项目开始施工。高速发展的网络环境对翻译人才提出了更高的要求，翻译从业者不仅需要具备较高的外语水平，还需要广泛涉猎各类文献，熟练掌握相关行业术语，与技术进步并行，熟知新兴词汇。

据统计，1993—2006年，我国内地共培养出翻译研究博士200余名，发表论文140余篇，选题涉及翻译史研究、翻译理论研究、文学翻译研究、翻译教学研究等多个方面(许钧等，2009)[213-214]。此外，自1993年国家社科基金开始为翻译研究项目立项以来，至2006年共有35项翻译研究项目立项，内容主要涉及翻译史研究、翻译理论研究、翻译教学研究、翻译批评研究等。教育部人文社科基金2004—2006年共立翻译研究项目 26 项，内容涉及翻译史研究、翻译理论研究较多，翻译教学研究较少。

1.1.5.3　师资队伍建设

师资力量是影响翻译硕士专业能否健康发展的关键因素。近年来，国内的高校对翻译学科的重视日益提升，在师资队伍建设、课程改革和教材建设方面做出了很多尝试和努力。MTI 的师资力量包括两个方面：一是专职教师，二是兼职教师。专职教师主要为高校教授和一些资深译者。兼职教师则由一些企业的翻译工作者或行业专家担任。兼职老师可以为翻译硕士提供专业知识和技能，使学生能学以致用，从而提高实践能力。

为了培养高素质的 MTI 人才，建立高水平、高质量、高效率的翻译队伍是必要的。这需要一支具有优秀学术素养的专职教师队伍和经验丰富的兼职教师队伍。20 世纪八十年代至九十年代期间，我国以攻读学位、访问学者等形式派出数百人次的师生出国进修，聘请外籍教师来华任教，大大提升了我国外语教育的师资力量。据调查，参加 2001 年全国暑期英汉翻译高级研讨讲习班的百余名高校翻译教师中，三分之二的教师以笔译教学为主，一半的教师具有 8 年以上的教学经验（杨柳，2001）[4]。据观察，我国已初步具备了一支 MTI 专职师资队伍。此外，还拥有大量职业翻译人员。这些人员中，绝大多数具备丰富的外事经验和翻译技巧，同时还具备卓越的跨文化交际能力，足以担任 MTI 兼职教师。这些教师可以将实际工作中的经验和技能传授给学生，帮助他们更好地理解翻译理论和实践，并从中获得更多的知识和技巧，提高其翻译能力。值得一提的是，这些兼职教师不仅具备优秀的翻译水平，而且也对中国文化和语言有深入的理解和掌握，因此可以为学生提供更加全面和深入的教学内容。

1.1.5.4　软硬件设施

教材方面，自 1947 年至 2005 年，我国已经出版了 195 部翻译教材，这奠定了教学基础。此外，庄智象（2007）[81]还提到了多媒体口译教材，这些教材具有播放多媒体课件、提供电子教材、备课、选课以及储存联系材料等多种功能。这些丰富的教学资源不仅有利于 MTI 的专业建设，也有助于提高翻译学生的学习效率和教学质量。

同时，各外语院校积极举办国际学术研讨会（如 1985 年广州外国语学院举行的"中国英语教学国际讨论会"、1987 年北京外国语学院举行的"第七届国际俄语杂志编辑会议"等），并派出代表出国参加国际性学术会议（如 1990 年在美国纽约市召开的 TESOL 协会学术年会暨成立二十周年纪念会），建立与国外院校的校际交流合作，积极接受留学生来华学习。开放的外语教育环境极大地改善了外语教学条件，推动了外语类院校的建设，提高了外语人才的培养质量，为我国社会主义现代化建设源源不断输送人才。

随着计算机技术和自然语言处理技术的不断发展，翻译软件也在不断更新和完善，为人们的翻译工作提供了更多的便利和效率。翻译软件的历史可以追溯到 20 世纪 50 年代，当时美国政府为了翻译苏联的科技文献，开发了机器翻译系统。此后，法国工程师皮埃尔·菲翁于 1968 年创立了 SYSTRAN，这是世界上最早的商业化机器翻译软件之一。随着科技的发展，21 世纪初已涌现了包括谷歌翻译、微软翻译、有道翻译、百度翻译等一系列基于神经网络机器翻译、统计机器翻译等技术的翻译软件，提高了翻译的效率、准确性，为翻译教学提供了更多的教学资源和实践机会，促进了翻译教学的发展和提高。

1.1.5.5　生源结构

翻译专业硕士（MTI）的学生来源非常广泛，不仅限于翻译专业的本科毕业生，也包括其他专业的毕业生。事实上，许多 MTI 的学生来自不同的学科领域，如文学、法律、工程等。翻译专业本科毕业生虽然已经在学位课程中积累了一定的翻译实践经验和技能，但他们仍然渴望通过进一步深入地学习，包括翻译理论、方法和实践的探索，提高自己的翻译水平和专业素养，以增强自己的行业竞争优势。

其他专业毕业生可能从事其他专业，但在工作中需要进行翻译工作或与翻译有关的工作。希望通过翻译专业硕士的学习，系统地学习翻译理论、方法和实践，提高自己的翻译水平和专业素养，更好地胜任工作。除了高校教育，翻译培训也是培养翻译人才的重要方面。我国的翻译培训可以分为应试型和非应试型两种类型。应试型主要是为了准备各种翻译考试(如"全国翻译专业资格水平考试")，由考试培训机构提供。非应试型则由权威机构提供，如学术刊物的编辑部、翻译研究中心和高校等。他们利用自身的资源优势，提供深入、专业的翻译培训，包括学术性、实践性和专业性等方面。例如，中国外文局教育培训中心提供高端培训，中国翻译杂志编辑部开设全国英汉口笔译理论与实务高级培训班，对外经贸大学中欧高级医院培训中心开设国际会议译员脱产班，上海外国语大学高级翻译学院口译系开设的专业会议口译培训等。这些权威机构为提高翻译人才的专业素质和能力提供了重要的平台。

1.1.6 总结

翻译学作为一门跨学科的科学，其研究成果不仅在学术领域有着重要的价值，而且在实践中也具有重要的指导作用。它能帮助促进不同文化之间的交流和理解，推动全球化进程的发展。翻译教育以外语教育为基础和前提，又不同于外语教育，因此翻译学作为一个独立学科具有存在的必要性。本章节按照翻译本科(BTI)、学术型翻译硕士(MA)、翻译硕士专业学位(MTI)的顺序梳理翻译学的学科发展背景，把握学科发展脉络。

随着全球化趋势的加速发展，翻译学作为一门新兴的跨学科专业逐渐崭露头角。翻译教育也随之发展壮大，从最初的外语教育到现在的独立学科，逐渐形成了以 BTI、MA 和 MTI 为代表的学科体系。

BTI 旨在培养具备扎实的语言基础和广泛的人文素养、具备翻译理论和实践技能的翻译人才。BTI 的课程设置包括语言学、文学、翻译理论、翻译实践等多个方面，与传统的本科阶段外语教育相比，更加注重培养学生的实际操作能力。BTI 起源于 20 世纪 90 年代初，中国内地的一些高校为了适应时代发展的要求，开始在以英语专业为主的外语专业课程中增设翻译方向的课程，从而开启了中国本科翻译教育的进程。2006 年，BTI 成了高校试点专业。2012 年，新《普通高等学校本科专业目录》由试办专业升为了正式专业。

MA 旨在培养具备较高的翻译理论素养和研究能力的翻译专业人才。其课程设置包括翻译理论、翻译研究方法、翻译实践等多个方面，注重培养学生的科研能力。从 1979 年上海海运学院、北京对外经济贸易大学两所高校开始招收翻译专业硕士研究生，到 1986 年国务院学位办批准设立的翻译理论与实践硕士点，再到 2002 年国家科技部联合教育部制定的《关于充分发挥高等学校科技创新作用的若干意见》，提出高校可以自主设置专业学科。2004 年上海外国语大学获得外国语言文学一级学科博士学位授权，随后，该大学自主设置了翻译学硕士、博士学位授权点。这些历史事件标志着翻译学不再是一个被动的附属学科，而是一个具有独立地位和明确职责的学科，其研究成果在学术和实践领域都具有重要的指导意义。

与 MA 相比，MTI 更加注重培养学生的翻译实践能力。经过 2006 年三次翻译硕士专业学位设置专家论证会的讨论和修订，完整版的《翻译硕士专业学位设置方案》得以问世，并被国务院学院委员会于 2007 年 1 月 23 日审议通过。翻译硕士专业学位从此在我国正式设立。截至 2023 年 3 月，我国已设有 11 个语种的口笔译翻译硕士专业学位。这种趋势可以被看作是中国翻译学科发展的新方向，为培养高水平且实用型的翻译人才提供了重要的平台和机遇。

1.2 翻译硕士专业学位的发展历程

截至 2023 年 3 月，我国共有 316 所高等院校设立了翻译专业硕士学位点，这些学位点的设立历经了 11 批次。这些批次的设立背景、定位及其对翻译专业人才培养的影响各不相同，因此有必要对其中具有代表性的几批进行分析。在分析的过程中，将考虑每批次获批院校的分布、设置背景、存在问题等方面，以期全面地了解我国翻译专业硕士学位点的发展现状，为今后的研究和发展提供参考。

1.2.1 2007 年第一批次

1.2.1.1 院校分布

2007 年，首批 MTI 培养院校获批设立。作为第一批获批的高校，这些学校分别为北京大学、北京外国语大学、南开大学、复旦大学、同济大学、上海交通大学、上海外国语大学、南京大学、厦门大学、中南大学、湖南师范大学、中山大学、西南大学、广东外语外贸大学、信息工程大学共 15 所高校。从高校类别来看，名单中有综合类高校 10 所、语言类高校 3 所、师范类高校 1 所、军事类高校 1 所。从院校层次上看，985 高校 9 所，211 高校 4 所，普通高校 2 所。从地区分布来看，首批 15 所翻译硕士培养院校中有 8 所位于北京、上海、广州等一线城市。

两年后，第二批 MTI 培养院校获批。包含北京航空航天大学、北京师范大学、首都师范大学、北京第二外国语学院、北京语言大学、对外经济贸易大学、天津外国语大学、大连外国语大学、吉林大学、延边大学、东北师范大学、黑龙江大学、华东师范大学、苏州大学、南京师范大学、福建师范大学、山东大学、中国海洋大学、河南大学、武汉大学、华中师范大学、湖南大学、四川大学、四川外国语大学、西安外国语大学共 25 所高校。从高校类别来看，名单中有综合类高校 10 所，语言类高校 6 所，师范类高校 7 所，理工类高校 2 所。从地区分布来看，东部地区 12 所，中部地区 10 所，西部地区 3 所。

可以看出，在短时间内发展的两批 MTI 培养高校中，已基本涵盖了外语学科基础雄厚的几所外语院校，为 MTI 后续的学科发展开辟了道路。院校的分布地点仍然以经济发达的一线城市、东部地区为主。

1.2.1.2 背景分析

第一批次 MTI 院校以综合类、语言类高校为主，院校层次多为"985""211"高校，所在地区多为经济发达的一线城市。一方面是这些院校科研基础较好，外语教学实力雄厚；另一方面，受市场需求的影响，一线城市往往具有较大的翻译专业人才缺口，因此产生了上述院校分布特点。

教育部在《2003—2007 年教育振兴行动计划》中提出了目标，旨在推动研究生教育观念、体制和运行机制的创新，以提高研究生教育质量。为了实现这一目标，需要对研究生选拔制度进行改革，以推动研究生教育与产业和社会实践的密切结合，从而提升研究生的实践能力和创新水平，推动优秀人才发展。在这个背景下，第二批次的 MTI 院校范围得到了扩大和丰富。除了原有的高校，具有特色小语种教学优势的黑龙江大学(俄语)和延边大学(韩语)也被纳入 MTI 培养单位名单。此外，教育部直属的师范类院校和一些省属师范院校也在积极发展 MTI 培养项目，MTI 培养院校的类型和数量得到了丰富和完善，培养方案也得到了改进和完善。可以说，MTI 培养项目的发展也是教育部推动研究生教育创新的一个重要举措。

1.2.1.3 存在的问题

当今外语人才的培养模式存在单一化的问题，这一点被许多学者所指出。当前，学校更加注重学术理论的教授，而忽视实践应用的培养，导致学生们难以胜任实际工作。另外，人们常常错误地将翻译专业等同于外语专业，忽视了翻译专业人才的高度专业性和独特性。这种认识问题导致培养出的翻译人才难以胜任实际工作。为了满足社会对高质量翻译人才的需求，我们需要加强对翻译专业人才的培养，注重培养学生的实际应用能力，提高翻译实践技能(李军等，2007)[7]。

在全国首届翻译硕士(MTI)教育与翻译产业研讨会上，柴明颎

（2009）指出了目前 MTI 专业建设上存在的问题，这包括专业人士不足、职业型翻译师资不足、大部分院校对翻译专业硕士的认识还停留在普通硕士研究生教学水平等问题。同时，文军等（2009）[95]也指出了目前 MTI 课程设置中存在的问题，特别是涉及翻译职业相关内容的课程开设较少。例如，课程中缺乏翻译项目、翻译设备、网络资源的相关利用，以及翻译职业组织与机构等内容。这些内容对学生未来从事翻译职业很有帮助，但是缺乏对学生英语水平现状和提高这一因素的考虑。

因此，学者们建议 MTI 课程设置应更加关注翻译职业相关内容，包括但不限于翻译项目管理、译文修订编辑、翻译设备使用、网络资源利用、翻译职业组织与机构等方面的课程。同时，应该更加重视学生的英语水平现状，采取相应的措施帮助学生提高英语水平，以提高他们未来从事翻译职业的能力。在翻译市场的需求量与日俱增的情况下，我国高校的翻译人才培养主要还是依托英语专业开展。因此，应该采取一系列措施来加强外语人才的培养，包括加强师资队伍建设、从相关行业引进有丰富经验和专业水平较高的翻译专家、鼓励有条件的企业翻译工作者或行业专家担任兼职教师，加强校企合作，以提高学生的实践能力。

1.2.2　2010 年第三批次

1.2.2.1　院校分布

第三批次为十一批次中获批院校最多的批次。119 所院校中，从院校分类来看：理工类 45 所、民族类 3 所、农业类 3 所、师范类 24 所、综合类 35 所、政法类 3 所、财经类 6 所；从地区分布来看：东部地区 56 所、中部地区 34 所、西部地区 29 所。

可以看出，此次获批院校依然偏向东部经济发达地区。所涉及的学校类别以理工类、综合类、师范类为多。除 985、211 等重点建设高校外，一些普通本科院校也名列其中。从地区分布来看，第三批次西部地区高校占比明显高于前两个批次，有利于翻译产业的地区均衡发展。另外，本批次理工类院校的数量也大幅增加，MTI 培养档次得到了显著提升。值得注意的是，在第三批次中，财经类、政法类高校首次入选。这意味着中国的财经和政法将更好地与国际接轨，国外先进的、相关的理论和实践知识将被更好地学习(张士东等，2018)[55]。

第四批次获批的院校仅有吉林华侨外国语学院 1 所，作为进入 MTI 培养单位列表的第一所民办院校，其优秀的师资力量和灵活多样的教学模式使其在 MTI 教育领域具有一定的竞争力和优势，进一步推动了 MTI 教育的多样化发展。同时，吉林华侨外国语学院的加入在为 MTI 教育注入新的活力的同时，也为满足市场需求和学生的个性化需求提供了更多的选择。

1.2.2.2 背景分析

2008 年北京奥运会和 2010 年上海世博会的举办，为我国翻译产业创造了市场需求和商机，推动了其国际化发展。据中国国家体育总局发布的数据显示，2008 年北京奥运会期间，共有超过 3 万名翻译人员为赛事提供服务。同时，这两个国际盛会也为我国翻译行业提供了更广泛的国际认可和合作机会。未来，随着我国在全球舞台上的影响力不断增强，翻译行业也将继续迎来发展机遇。

在此基础上，2008 年 12 月，国务院学位委员会第 26 次会议上指出，需要调整学术型学位和专业型学位的比例，规划符合我国当前经济发展阶段和产业结构特点的专业学位发展，加快高层次应用型人才的培养。2009 年 3 月《教育部关于做好全日制硕士专业学位研究生培养工作的若干意见》中明确写道："自 2009 年起，扩大招收以应届本科毕业生为主的全日制硕士专业学位范围。"因此，这一年的硕士研究生招生计划中增加了 5 万名全日制专业学位研究生名额，2009 年招收的硕士专业学位研究生达到了招生总数的 17%。同时，具有专业学位授予权的高校被要求优化本单位研究生招生结构，通过适当削减学术型研究生的招生数量，提高专业学位研究生的招收比例。由此可见，大力发展专业学位教育是未来研究生教育改革的切实需求和重要举措。

朱文静(2012)[74]指出，一个国家的文化软实力的强弱可以通过其文化产品对外贸易状况来反映。近年来，我国的文化贸易呈现出快速增长的趋势。统计数据显示，2008 年我国核心文化产品的进出口总额达到158.4 亿美元，比 2007 年增长了 22.6%，是 2001 年的 4 倍；而文化服务的进出口总额则达到了 48.2 亿美元，比 2007 年增长了 29.5%，是2001 年的 7 倍。这一数据的上升趋势表明我国的文化软实力正在逐步提升，但同时也需要不断加强文化创意产品的研发和推广，以更好地推动我国文化产品的对外输出，提高我国的文化软实力。

从全球市场来看，国际知名语言服务调查机构——卡门森斯顾问公司(Common Sense Advisory，简称 CSA)发布的《2014 年语言服务市场报告》的数据显示，2009—2014 年，全球语言服务业总产值分别为 235 亿美元，263 亿美元，283.4 亿美元，330.5 亿美元，347.78 亿美元和371.9 亿美元。2008 至 2012 年的 5 年间，除 2011 年外，语言服务市场的年增幅均在两位数以上。

高额的经济收益为 MTI 带来了无限的潜力和发展空间，但同时也需要不断提高翻译人才的综合素质和专业技能，以更好地适应市场需求，提高国际竞争力。因此，加强 MTI 人才的培养和发展，提高其专业素质和综合能力，对提升我国文化软实力和推动文化产品对外输出具有重要意义。

1.2.2.3　存在的问题

冯全功等学者(2011)[33]指出，MTI 教育仍然存在如应用型、专业型师资匮乏、课程设置不科学、教学方法单一等诸多问题。郭晓勇(2010)[36]则认为，MTI 师资质量与翻译学科建设需求之间仍有鸿沟。由于翻译专业教育在我国的发展尚处于起步阶段，许多高校的翻译教学师资在专业培训上较为欠缺。大多数学校直接将外语教师转为翻译教师，用外语教学思维教授翻译课程，导致教学目标偏离了翻译专业的本质，影响了教学效果。综上所述，此阶段 MTI 教育仍然需要加强教师队伍建设，提高教师的专业水平和实践经验，同时也需要改进课程设置和教学方法，以更好地满足学生的需求，提高教学效果。

MTI 教育需要应用型师资来支持其应用性和职业性。然而，目前高校中从事翻译教学的教师大多注重翻译研究，真正具备行业实践的专业人才较为匮乏。因此，目前最紧迫的任务是扩充专业型翻译教师资源和翻译专业硕士教学师资的队伍。

在第三批次 MTI 培养院校数量猛增的背景下，学者们开始对 MTI 教育的发展提出了一些担忧。首先，国家后来出台的新政策，不再将申办硕士专业学位的教育资格与是否具有学术性硕士学位教育资格挂钩。这为许多从前未拥有外国语言文学硕士学位授予权的单位加入 MTI 教育队伍中提供了便利，从而势必带来大量的招生数量。然而，MTI 教育中固有的问题，如培养目标不够切合实际、学科基础先天不足、基础设施不够完善、实践型师资不足，以及实践基地匮乏等，仍未得到解决。此外，高校缺乏自我约束机制，教学管理水平也有待提高。这些问题加上社会对 MTI 教育的不了解，导致难以招到优质生源。在诸多问题的存在下，对待 MTI 教育的未来发展不能一味乐观。

1.2.3　2014 年第五批次

1.2.3.1　院校分布

47 所院校中，从院校分类来看：理工类 20 所、传媒类 2 所、军事类 2 所、民族类 1 所、农业类 5 所、师范类 2 所、医药类 3 所、综合类 12 所、语言类 0 所；从地区分布来看：东部地区 29 所、中部地区 8 所、西部地区 10 所。除四所双一流大学中国人民大学、中国传媒大学、中国政法大学、华中农业大学外，其他均为省属院校。结合前四个批次的院校获批状况，可以看出 211 层次以上高校基本已进入 MTI 培养院校名单，此后的审批院校将以省属院校为主。

1.2.3.2　背景分析

2011 年 3 月 25 日，全国翻译硕士专业学位教育指导委员会在年会上提出了未来翻译硕士专业教育发展的总体目标,旨在适应社会需求和经济发展的需要,同时与国际上的翻译硕士专业教育保持接轨。实现硕士研究生教育由学术型向应用型人才培养的转型是我们的关键目标。该转型注重提高翻译实践能力,注重翻译技能的训练,着重培养具有跨文化沟通和应用创新能力的翻译人才。这一转型将更好地适应社会需求,为国家的发展和翻译行业的进步做出重要贡献。

2011 年 8 月,学位委员会随即发布了《翻译硕士专业学位研究生指导性培养方案》,旨在完善翻译人才培养体系,创新翻译人才培养模式,提高翻译人才培养质量,以适应我国社会、经济、文化发展对翻译专门人才的迫切需求。

2012 年 9 月,《关于开展翻译硕士专业学位教学合格评估(第一批院校)工作的通知》由国务院学位委员会办公室发布,全国翻译专业学位研究生教育指导委员会受其委托,对我国首批 MTI 培养院校开展评估工作。在工作中,MTI 教育指导委员会组织召开了首批培养院校评估专题培训会,会上强调,作为一种专业学位教育,MTI 教育应该建立多层次的评估体系,应当对申报单位的申报条件、学生学习成果、教师教学质量以及教学单位的培养质量等进行多方面评估评价。

为全面贯彻落实党的十八大精神、有效确保《国家中长期教育改革和发展规划纲要(2010—2020 年)》的顺利开展,进一步提高我国研究生阶段的教育质量,教育部及国务院学院委员会于 2013 年先后发文,明确表示,将"积极支持优势学科、基础学科、科技前沿学科和服务国家重大需求的学科发展""支持和鼓励在职人员攻读硕士专业学位"。这一举措为这一阶段 MTI 教育的发展注入了源源不断的动力。

随着改革开放政策的深入推进,由翻译需求催生的语言服务业高速发展,企业数量和从业人员数量呈现出增长的趋势。据《中国语言服务业发展报告(2012)》显示,从 1980 年至 2011 年,我国语言服务企业总数从 16 家增长至 37 197 家,年平均增长率为 30.3%。截至 2011 年年底，我国语言服务业专职从业人员达到 119 万人，其中翻译人员占 53.8%，约为 64 万人。2010 年和 2011 年我国语言服务业年产值分别为 1 250 亿元人民币和 1 576 亿元人民币，增长比例为 26%。未来几年，我国的语言服务业将继续保持较高的增长速度。据预测，到 2015 年，语言服务企业的年产值将超过 2 600 亿元人民币，专业人员将达到 200 万人，企业数量将超过 6 万家。这一发展趋势将进一步推动我国翻译教育的发展，对培养应用型人才提出了更高的要求。只有具备较强的翻译实践能力和跨文化沟通能力的人才，才能适应这一快速发展的行业需求。因此，加强对翻译教育的投入，推进翻译教学的改革和创新，努力培养高素质的翻译人才，是当前和未来一个时期我国翻译教育的重要任务之一。随着全球化和"走出去"战略的不断深入实施，语言服务业将成为国家社会经济发展的重要支撑行业，未来几年内其增长速度将保持较高水平。

1.2.3.3 存在的问题

自第五批次开始，MTI 培养单位审批主要面向省属院校。然而，省属院校在翻译硕士学位授权点方面面临着诸多挑战，其中包括：一些院校缺乏外语或翻译方向的硕士学位授权点，另一些院校则缺乏硕士学位授权点。这些院校需要加大投入，提升高质量教学团队的培养效力，提高现有教学团队的能力，以争取获得授予硕士学位的权利，以满足招收翻译硕士生的必须要求。

截至 2014 年，我国已有 159 所高等学校获批 MTI 授权点，全国攻读 MTI 学位的在校研究生人数达 20 257 人。尽管翻译服务企业的员工通常需要具备高素质的翻译能力和跨文化沟通技能，但是根据 2014 年的《中国翻译服务调研报告》，该行业员工的工资并未与他们的学历水平呈现出直接的关联。30% 左右的全职译员持有硕士及以上学位，然而约一半的全职译员的薪酬水平却低于社会平均工资水平。仲伟合在前几批次固有问题的基础上指出了当前阶段 MTI 教育缺少相应的职业资格证书，未能为毕业生提供更多的就业机会、职业发展空间和人才培养质量不高的问题(仲伟合，2014)[42-43](仲伟合，2017)[8]。虽然 159 所高校的 MTI 授权点，为满足市场对高素质翻译人才的需求提供了更多的资源和保障；MTI 在校研究生人数的增加，也为翻译人才的储备提供了更多的来源。然而，翻译服务企业员工的学历结构与薪酬水平不成正比，这可能反映出当前市场对翻译人才的需求存在一定的不匹配，即在高学历的背景下，市场对人才的薪酬并没有得到相应的提升。

1.2.4　2018 年第八批次

1.2.4.1　院校分布

在 33 所院校中，从院校分类来看：理工类 15 所、传媒类 0 所、军事类 0 所、民族类 2 所、农业类 2 所、师范类 6 所、医药类 1 所、综合类 3 所、财经类 4 所、语言类 0 所；从地区分布来看：东部地区 12 所、中部地区 9 所、西部地区 12 所。

第八批次获批院校主要为理工类、师范类、财经类院校；分布地区以东部地区和西部地区为主，呈现出更加均衡的发展状态。

1.2.4.2　背景分析

上述院校的获批情况，从侧面反映出了我国当前国家和社会发展的特点。其中，理工类高校的获批持续增加，表明我国仍然采取以经济建设为中心的发展战略；财经类高校的获批情况则反映了我国在经济研究领域持续追赶国际先进水平的努力；而农业类、民族类、医药类高校的获批情况，则更多地反映了在"一带一路"倡议背景下，中国传统文化走出国门的发展需求，以便全世界更好地了解中国的文化和发展需求。

近年来，随着"一带一路"倡议和"走出去"战略等国家政策的实施，我国对外经济合作不断扩大和加深，这对专业口译员尤其是高端翻译人才需求越来越大。《中国语言文字事业服务发展报告(2017)》显示：预计到 2020 年我国将有 2 000 万人掌握一门外语。这就需要大量专门从事翻译工作的人才来满足需求。

中国经济网于 2017 年发布的《中国电影产业研究报告》显示，2016 年我国电影海外销售收入 38.257 亿元人民币，比上一年增长了 38.09%。我国在拓展对外文化交流方面，不仅着力于加强文化出口平台和渠道建设，扩大对外文化贸易规模，优化结构，还注重打造中医药、中国美食、中国园林、中国功夫等文化名片，增强中华文化的亲和力与感染力。同时，我国也积极建设孔子学院、孔子课堂、中国文化中心、中国馆等文化交流平台，加强与海外国家的政府间文化交流合作。此外，中央启动国家高端智库建设试点，中俄、中美、中欧、中阿、中非等人文交流合作机制也在不断完善，通过搭建深层次思想对话平台，促进中外智库和学界之间的交流。这些措施的实施有助于提升我国的文化软实力，加强与海外国家的文化交流与合作。

1.2.4.3　存在的问题

《全国 MTI 教育与就业调查报告》（崔启亮，2017）显示，MTI 教育的快速发展引起了教师们的普遍关注。在受访的 MTI 教师中，72% 表示 MTI 的发展速度过快。31% 的教师认为应该控制 MTI 授权点的数量，30% 的教师认为应该提高培养质量，15% 的教师认为应该提高翻译实践在教学中的比重，12% 的教师认为应该加强师资建设。可以看出，几个批次以来，学者们对 MTI 教育发展的担忧并未改变。

1.2.5　2021 年第十一批次

1.2.5.1　院校分布

55 所院校中，从院校分类来看：理工类 15 所、传媒类 0 所、军事类 0 所、民族类 3 所、农业类 7 所、师范类 4 所、医药类 4 所、综合类 15 所、财经类 5 所、语言类 0 所、政法类 1 所、体育类 1 所；从地区分布来看：东部地区 27 所、中部地区 9 所、西部地区 19 所。

1.2.5.2　背景分析

《2019 年全国教育事业发展统计公报》显示，2019 年我国共有在读硕士研究生 243.95 万人，毕业硕士研究生 57.71 万人。其中在 MTI 教育方面，开设 MTI 课程的高校共有 253 所，总计招收 MTI 研究生 6 万余名，培养出已毕业人才 3 万余名。

在研究生庞大的规模增长下，2020 年全国研究生教育会议召开，指出了未来我国高层次研究人才的培养方向，标志着我国研究生教育已进入高质量发展的新阶段。同年 9 月，《专业学位研究生教育发展方案（2020—2025）》（以下简称《方案》）在国务院学位委员会第三十六次会议上审议通过，计划在 2025 年实现硕士专业学位研究生占研究生招生总规模的三分之二，大幅增加博士专业学位研究生招生数量。《方案》同时指出，"专业学位研究生教育地位日益重要，必须加快发展"。

《2022 中国翻译及语言服务行业发展报告》显示，2021 年我国涉及语言服务业务的企业数量达到 423 547 家，其中主营语言服务业务的企业数量为 9 656 家。这些企业的全年总产值为 554.48 亿元，比 2019 年年均增长了 11.1%。

在当前高质量发展的时代背景下，发展专业学位研究生教育对培养应用型专门人才、完善专业学位制度、提高人口整体素质等方面均有着深远的意义。具体而言，积极推进专业学位研究生教育，一方面，可提供我国产业经济发展需要的专门人才；另一方面，有助于完善我国专业学位制度和应用型专门人才培养体系；同时，还为广大学子提供了更多的升学机会，研究生教育的数量和质量得以不断提升。因此，大力发展专业学位研究生教育是当前一项至关重要的任务。

1.2.5.3 存在的问题

在应对翻译领域发生的变化时，许多学校在教学方面缺乏贴合实际的、与时俱进的设计。首先，虽然许多院系开设了计算机辅助翻译（CAT）课程，但能有效地开设机器口译并将人机互动融入教学过程的院系并不多见。在此背景下，开设计算机辅助口译（CAI）课程并引入语音识别技术的院系更为罕见。其次，教材和教学内容滞后于翻译领域的最新发展。许多院系的教育仍停留在传统的翻译理论和方法层面，忽视了新兴技术和新型翻译模式的重要性。当前，翻译行业对高层次翻译人才的需求不断增加，因此翻译教育需要加强对高层次人才的培养，为行业提供更多优秀的人才支持。未来有关人工智能和大数据的翻译工作逐渐占据市场主流，院校在人才培养方面也需要加强相关培训和教育。值得注意的是，机器翻译的介入正在大量挤占基础口笔译人员的生存空间，市场需求转向译后编辑、审核校对等语言服务类人才，MTI 教育需要及时对其做出相应调整。

1.2.6　总结

随着我国经济和文化的快速发展，翻译人才缺口逐渐增长，建立翻译硕士专业具有重要意义。第一批次的院校多位于经济发达的一线城市和东部地区，第二批次增加了具有特色小语种教学优势的高校和省属师范院校，第三批次增加了西部地区翻译院校比重，第四批次开始民办院校也加入其中。这些调整旨在促进地区平衡发展、提高小语种教学水平、拓宽培养渠道和途径，以及适应市场需求。这有助于提高翻译人才的就业竞争力，满足国家对小语种人才的需求，促进人才流动和分配效率。然而，MTI 培养院校名单的调整只是解决问题的一部分。当前，MTI 教育的诸多问题体现在应用型师资匮乏、课程设置不科学性、教学方法单一等方面，教师队伍建设仍然需要加强、改进课程设置和教学方法。此外，该项目还面临着国家新政策带来的招生数量增多等问题，以及高校缺乏自我约束机制、实践基地匮乏等挑战。因此，MTI 教育的未来发展需要更为谨慎和全面的考虑。

建立翻译硕士专业的必要性源于我国经济、文化发展迅速，对翻译人才的需求迅速增加。翻译硕士专业不仅注入翻译学科的新活力和动力，也为培养具有国际视野和跨文化交际能力的人才提供了更广阔的舞台。翻译专业的课程体系涵盖翻译理论和方法、语言学、文学、文化学以及信息技术等多个学科的知识，通过这样的综合性学习，翻译专业的学生可以更好地掌握翻译技能，提高跨文化交际能力，同时也拓宽了视野，提高了综合素质。未来，随着翻译需求的不断增加和翻译人才的不断储备，翻译硕士专业将发挥更加重要的作用。在这个过程中，翻译硕士专业院校的角色也越来越重要。院校需要通过不断完善课程设置、加强教师队伍建设、提升教学水平等方面，为学生提供更好的教育和培训，培养出更多高素质的翻译人才，为国家和社会做出更大的贡献。

同时，建立翻译硕士专业也需要注意一些问题。首先，需要注重人才培养的质量，而非数量。其次，需要加强教学与实践相结合的模式，为学生提供更多的实践机会，提高学生的综合素质。此外，还需要加强与企业、机构的合作，了解市场需求，为学生提供更好的就业机会。最后，需要加强对翻译教育的监管和评估，确保翻译硕士专业的持续发展和质量提高。

总之，建立翻译硕士专业是对我国翻译人才培养的一次重要改革，这将为我国的经济、文化和国际交流做出更大的贡献。同时，我们也需要不断加强对翻译教育的改进和完善，为学生提供更好的教育和培训，为国家和社会培养更多高素质的翻译人才。

第 2 章 主要理工类院校翻译硕士培养发展现状

2.1 理工类院校含义及特征

2.1.1 理工类院校含义

我国理工类院校，或称理工科院校，是指以理学类、工学类学科和理工类专业为主的院校。"理工"领域包含物理、化学、生物、工程、天文、数学以及这六大类的各种应用以及组合学科。"理工"最早是由 19 世纪 80 年代的中国留学生利用国外的 Science 和 Technology 组合翻译而成的。其中理工以物理学（即研究自然界一般的现象及其规律的科学）、化学（即研究物质的性质、组成、结构和变化的科学）生物学（即研究生命个体的科学），以及工程（即应用科学和技术的原理来解决人类问题的领域）等学科为主要的研究领域。这些院校专注于自然科学和工程技术的教育和研究。

因此，我国的理工科院校可以说是以理科、工科为主要发展学科，辅以人文社科专业的院校。

2.1.2 理工类院校特征

据 2019 年秋季高博会上陆国栋教授的讲话可知，中华人民共和国成立以来，理工科类院校数量的变化与国家的发展进程紧密相关。并且，在我国各类院校中，理工科院校的数量增长最多、速度最快，70

年增长了 33 倍，占比也从 1949 年的 13.66% 增长到了 2018 年的 35.35%，可以说是"三分天下有其一"。在各层次水平的院校中，理工科学校皆占比较大。我国对理工类院校的重视，可以说是理工类院校强势和优势的一种体现。

中华人民共和国成立后，理工科院校也经历了漫长的发展历程。自 1949 年以来，我国理工科优势大学的人文学科发展起伏较大，先后经历了历史性的调整、缺失以及重建三阶段（刘法虎，张彦通 等，2011）。1952 年院系调整后，我国理工科高校逐渐开始兴办或者恢复理科、文科，逐步完善学科布局，向理、工、文、管相结合的综合性大学方向发展。虽然人文社科建设已取得了一定的成效，但是在理工科高校发展过程中仍面临起步晚、底子薄、地位低、发展不均衡、资源投入不足、科研水平差距大等显著问题。基于历史原因和现实因素，理工科院校的发展呈现出重理工轻人文的现状，人文社科的长远性发展仍有待于进一步考量。

2.2　理工类院校翻译硕士教育发展现状

从宏观上来看，理工类院校全国翻译硕士专业学位教育指导委员会（MTI）发展与我国时代发展的大环境相契合。2007 年 1 月，翻译硕士专业学位在我国正式设置。MTI 教指委又分别于 2012—2013、2014—2015 及 2018 年三次对全国的 MTI 院校进行合格评估和专项评估。总体来看，MTI 培养院校的设立速度在迅速增加之后趋于平缓，同时对 MTI 培养点的各项评估考察工作也在稳步推进，以保证稳定提升 MTI 人才培养质量。

2.2.1　理工类院校翻译硕士培养建设概观

经过十余载的发展，我国理工类院校中近三分之一的院校逐渐拥有翻译硕士培养资格。如今，我国共有 316 所理工类院校获批，截至 2023 年，有 101 所理工类院校获得翻译硕士培养资格。MTI 培养院校层次分布也较为合理。院校层次遍及 985、211、一本及二本院校。理工类 MTI 院校主要为一本院校，共有 96 所，占比 95%，比例占绝大部分。二本院校为 5 所，占比 5%。院校地域分布按照我国经济分区，在东部、西部、中部均有院校分布。其中，MTI 院校主要位于经济较发达的东部地区，共 51 所，占比 50.1%；西部地区的 MTI 院校数量相对较少，有 19 所，占比 18.6%。北京地区和陕西地区的 MTI 院校分别为 10 所和 9 所，分别占 MTI 院校总数的 9.9%、8.9%。然而，青海、西藏等地区迄今为止仍未有院校开设 MTI。

可以看到，上述的 MTI 院校分布与我国经济发展速度和规模大致吻合，但按照"一带一路"倡议的沿线分布情况来看，西北地区和华南地区人才培养的院校数量少于实际需求，不太适应"一带一路"倡议的实施，呈现出区域性缺失的现状（穆雷，2020）。

自 2007 年起，我国院校陆续获批翻译硕士培养资格。我国首批共 15 所高校率先获批翻译硕士培养资格，次年各院校开始专业硕士招生工作。其中，理工类院校的同济大学位列其中。次年，北京航空航天大学也在第二批获批名单中，加入了理工类院校建设翻译硕士培养的工作中来。2010 年，在获批的 119 所学校中，共 43 所理工类院校获得资格。2016 年及之后的几批获批名单中理工类院校占获批院校主体且数量基本与 2011 年持平。根据全国翻译专业学位研究生教育指导官网数据，经过整理得到 MTI 获批理工类高校个数各批次情况如图 2-1 所示。

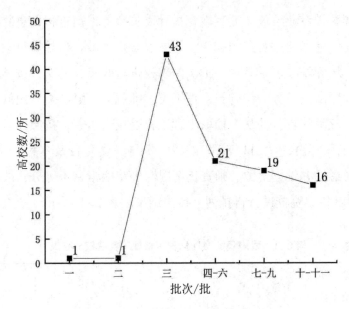

图 2-1　MTI 获批理工类高校个数图

可以看到，经过 11 个批次的获批，MTI 培养单位数量呈现先增再降后稳的态势。也可看出国家对理工科院校建设、培养翻译硕士学科的重视程度较高。

其中，北京、上海等地区借由地理位置及经济发展等优势在 MTI 院校建设工作中起到了杰出的模范带头作用。总体来看，教师团队具有学历层次高、年龄结构合理、梯队结构完善、凝聚力强、创新能力突出等特点和优势。部分院校翻译结合本校优势学科，开设了如政经翻译、航空航天概论、科技翻译工作坊、模拟会议翻译、中国典籍翻译等课程（马燕红，2012）。院内设施种类多样先进，以助力学生学习。因此，必须承认的是，在师资力量、课程设置、软硬件基础设施建设等方面，如上海的同济大学、北京航空航天大学等院校，有着较丰富的培养经验，值得其他陆续获批的理工科院校借鉴学习。

2.2.2　理工类院校翻译硕士培养样本选择

本章内容主要参考 CNKI（中国知网）、万方、中华人民共和国教育部、全国翻译专业学位研究生教育指导委员会等渠道进行信息收集。

首先，笔者通过对全国翻译专业学位研究生教育指导委员会中全国翻译硕士培养院校名录共十一批次的院校进行收集；其次，按学科范围划分，我国高校可分为综合类、理工类、师范类、财经类、民族类、语言类等十三类院校，并从中抽取出理工科院校；接着，按照办学层次分为"985工程"院校、"211工程"院校、本科一类院校及本科二类院校；最后，考虑到办学、生源、师资等情况与经济因素密不可分，故按照经济分区①对各类院校进行再排列。得出结果如表2-1所示。

表2-1　我国获批MTI培养资格理工类院校分布表

区域	省、市、自治区	数量	学校
东部地区	北京	10	北京航空航天大学、北京交通大学、北京理工大学、北京科技大学、北京邮电大学、华北电力大学、中国矿业大学(北京)、中国石油大学(北京)、中国地质大学(北京)、中国科学院大学
	天津	2	天津大学、天津理工大学
	河北	5	燕山大学、河北科技大学、河北工业大学、河北工程大学、石家庄铁道大学
	辽宁	6	大连理工大学、东北大学、大连海事大学、沈阳理工大学、沈阳建筑大学、辽宁石油化工大学
	上海	7	同济大学、上海理工大学、上海海事大学、东华大学、华东理工大学、上海第二工业大学、上海电力大学

---

① 东部地区：北京、天津、河北、辽宁、上海、江苏、浙江、福建、山东、广东、广西、海南(共计12个省、市、自治区)；中部地区：山西、内蒙古、吉林、黑龙江、安徽、江西、河南、湖北、湖南(共计9个省、自治区)；西部地区：重庆、四川、贵州、云南、西藏、陕西、甘肃、青海、宁夏、新疆(共计10个省、市、自治区)。

续表

区域	省、市、自治区	数量	学校
东部地区	江苏	6	南京航空航天大学、南京理工大学、中国矿业大学、河海大学、南京信息工程大学、南京邮电大学
	浙江	1	浙江理工大学
	福建	2	福州大学、福建工程学院
	山东	7	中国石油大学(华东)、青岛科技大学、山东科技大学、山东建筑大学、齐鲁工业大学、山东理工大学、青岛理工大学
	广东	2	华南理工大学、广东工业大学
	广西	3	广西科技大学、桂林电子科技大学、桂林理工大学
	海南	0	——
中部地区	山西	1	太原理工大学
	内蒙古	1	内蒙古工业大学
	吉林	2	华北电力大学、吉林化工学院
	黑龙江	3	哈尔滨工业大学、哈尔滨工程大学、哈尔滨理工大学
	安徽	5	中国科学技术大学、合肥工业大学、安徽工业大学、安徽理工大学、安徽工程大学
	江西	5	华东交通大学、南昌航空大学、江西理工大学、东华理工大学、南昌工程学院
	河南	5	华北水利水电大学、郑州轻工业大学、河南理工大学、河南工业大学、中原工学院
	湖北	7	中国地质大学(武汉)、武汉理工大学、武汉科技大学、武汉工程大学、武汉纺织大学、武汉轻工大学、湖北工业大学
	湖南	2	长沙理工大学、湖南理工学院

续表

区域	省、市、自治区	数量	学校
西部地区	重庆	3	重庆邮电大学、重庆交通大学、西南石油大学
	四川	4	西南交通大学、成都理工大学、西南科技大学、电子科技大学
	贵州	0	——
	云南	1	昆明理工大学
	西藏	0	——
	陕西	9	西北工业大学、西安电子科技大学、西安理工大学、西安石油大学、陕西科技大学、西安科技大学、西安工程大学、西安邮电大学、西安工业大学
	甘肃	2	兰州交通大学、兰州理工大学
	青海	0	——
	宁夏	0	——
	新疆	0	——

在十一个批次中，共有 316 所高校。其中，理工类院校共 101 所。东部共 51 所院校：985（211）院校共 23 所，一本院校共 26 所，二本院校 2 所；中部共 31 所院校：985（211）院校共 7 所，一本院校共 20 所，二本院校共 4 所；西部共 19 所院校：985（211）院校共 4 所，一本院校共 15 所，无二本院校。

在考虑到批次时间及地域分布情况的基础上，本章选取方式为先从同一地区中选取 985（211）院校，然后选取普通一本院校，最后选取普通二本院校。由于西部仍未有二本院校获批翻译硕士培养资格，因此西部选取两所院校，东部、中部地区各选取三所院校。最终选择东部院校：北京理工大学、上海理工大学、福建工程学院；西部院校、西北工业大学、成都理工大学；中部院校：哈尔滨工业大学、长沙理工大学、湖南理工学院。

2.2.3　培养方案设置

在对翻译硕士培养目标的设定方面，最早是我国国务院学位委员会在2007 年 3 月颁布的《翻译硕士专业学位设置方案》中提到，至今该方案已经过 3 次修改和补充，培养目标已变得更加充实、定位也更加准确清晰。

起初，我国翻译硕士的培养目标定位为培养具有专业口笔译能力的高级翻译人才。可以看到，这样定义虽在一定程度上区别于翻译研究型人才及外国语言文学方向的研究人才培养，但这个培养目标仍不够确切，需要进一步补充完善。

2007 年 12 月，国务院学位委员再次下发指导性培养方案，从译者整体素质、市场定位、培养目的及翻译硕士专业人才的总体特征等方面，对培养目标重新做了诠释。根据《翻译硕士专业学位设置方案》，对翻译硕士专业学位主要有以下几点要求。

①总体培养目标为培养德、智、体全面发展，能适应国家经济、文化、社会建设需要和提高国家竞争力的高层次、应用型、专业化口笔译人才。其中，翻译硕士专业学位获得者应具有较强的语言运用能力、熟练的翻译技能和宽广的知识面，能胜任不同专业领域所需的高级翻译工作。

②招生对象一般为学士学位获得者，具有良好的双语基础，有口笔译实践经验者优先考虑，并且鼓励具有不同学科和专业背景的生源报考。

③教学采用课程研讨、模拟、实训等多种形式进行，充分利用现代化教育技术手段和教学资源；强调学生学习的自主性和教学的互动性；加强教学实践，学生在读期间必须完成一定数量的翻译实务。

可以看出，教学内容以翻译理论素质和跨文化交际能力的培养为基础，进一步突出翻译技能训练，重点培养学生的翻译实操能力。另外，还提到承担专业实践教学任务的教师应具有丰富的口笔译实践经验。

④学位论文必须和翻译实践紧密结合。学生对中外文本进行翻译实

践，要求字数不少于 10 000 字，并根据译文就翻译问题写出不少于 5 000 字的研究报告；或学生就口译或笔译的某个环节展开实验，并就实验结果进行分析，要求完成不少于 10 000 字的实验报告；抑或学生撰写翻译研究论文，字数不少于 150 000 字。导师方面，要求实行双导师制，由学校教师与有实际工作经验和研究水平的资深译员或编审共同指导学生(李军等，2007)。

2009 年，穆雷等人又从口译与笔译两个方面对该专业的培养目标提出了两个具体要求。新修订的培养方案对学分量、实践量及论文写作方式进行了进一步要求。规定的学分量由原来不少于 30 学分增长至不少于 38 学分，笔译方向在学习期间的实践量由原来的不少于 10 万字增加到不少于 15 万字；口译方向则由不少于 100 小时变为不少于 400 磁带时。论文的写作形式由先前的翻译项目、实验报告及研究论文等三种基础形式调整为翻译实践报告、翻译实验报告、翻译调研报告、研究论文和重要岗位的实习报告等五种类型。这些改变表明，实践训练在翻译硕士培养教学中将逐渐占据重要地位，论文写作形式逐渐多样，翻译硕士培养目标逐渐明晰、准确。

另外，从 2011 年 8 月的《翻译硕士专业学位研究生培养方案》来看，对翻译硕士需要具备的知识和能力主要包括基本知识与技能两个部分。其又分为语言知识能力、翻译理论知识与研究能力、口译知识与技能、笔译知识与技能以及其他相关知识和能力等五个方面。

①语言知识能力(同等学力及非外语类)：高级外语读、写能力；汉外互译基础能力；语言学知识；外国文学知识。

②翻译理论知识与研究能力：古今中外翻译理论；翻译批评理论与技能。

③口译知识与技能：基础口译技能；交替口译技能；同声传译技能。

④笔译知识与技能：基础笔译技能；文学翻译技能；非文学翻译

技能。

⑤其他相关知识与能力：跨文化交际能力；翻译工具应用能力；母语汉语水平。

可以看到，对翻译硕士需要具备的能力要求涵盖面广，但是仍然比较笼统，后期如何深入运用到培养工作中以指导实践仍需进一步完善以及各个院校结合自身情况予以补充、扩展。

接下来是各个抽取院校培养方案的设置情况①如表 2-2 所示。

表 2-2　抽取院校培养方案详情

学校	培养目标	学制年限	课程设置
北京理工大学	培养具有宽阔的国际视野、深厚的人文素养和良好的职业道德，具备较强的双语能力、跨文化能力、口笔译能力、思辨能力和创新能力的高层次、应用型、专业化的翻译人才。MTI 翻译硕士应具有扎实的中英语言基本功，系统掌握翻译学科的基础理论、专门知识、实际技能；要形成复合型的知识结构，能运用所学理论和方法解决机械工程、信息与通信工程等科技领域的翻译问题。	全日制硕士专业学位研究生学制为 2 年，最长学习年限不超过 2.5 年。	课程由公共课、基础课、学科核心课、专业选修课四个部分构成。其中，公共课不少于 7 学分，基础课不少于 6 学分，学科核心课不少于 10 学分，专业选修课不少于 18 学分。总学分不低于 41 学分。 专业类课程包括但不限于科技翻译、翻译理论研究、机械工程英语与翻译(选修)、中国当代科技(选修)、智能翻译技术与应用(选修)等。

---

① 此处及后文关于各校的信息皆出自该校研究生院网站、学院网站、教务处网站，百度百科、研招网等。

续表

学校	培养目标	学制年限	课程设置
上海理工大学	培养具有较强的语言运用能力、熟练的翻译技能和宽广的知识面，能胜任所在领域需要的翻译工作的人才。	全日制硕士专业学位研究生学制为2.5年。	课程由学位课和非学位课两个部分组成。其中，学位课不少于16学分。总学分不少于38学分。专业类课程包括但不限于汉语文献阅读、翻译工作坊、统计学概论、经典译作赏析、科技汉英笔译等。
福建工程学院	培养具有一定国际视野，能在跨文化背景下用外语进行沟通和交流；掌握专业领域的相关理论知识，具有应用理论知识解决实际问题的能力；能承担专业技术或管理工作，具有良好职业素养的人才。	全日制硕士专业学位研究生学制为3年，最长学习年限不超过4年。	课程包括公共必修课、专业必修课、选修课、学术活动、专业实践等五部分。其中，公共必修课为9学分，专业必修课为8学分，选修课为9学分，学术活动为1学分，专业实践为5学分。总学分32学分。课程包括但不限于学术论文写作(公共必修)、统计分析方法(必修)、美学类课程(选修)等。

续表

学校	培养目标	学制年限	课程设置
西北工业大学	培养具有科技翻译能力，尤其是航空、航天、航海三航科技翻译能力人才。	全日制硕士专业学位研究生学制为2.5。	课程包括公共课、基础理论课、专业基础课和专业课四个部分。 专业类课程包括但不限于跨文化交际与翻译、语境与翻译、社会语言学、科技文献阅读（基础理论课）、航空、航天、航海概论（基础理论课）、商务翻译、外宣翻译、功能翻译理论与实践等。
成都理工大学	培养能适应全球经济一体化，特别是成都及西部地区（地质）科技、对外经贸、文化外宣、外事活动等行业需要，具有会讲中国故事的影响力、讲懂中国故事的感召力、讲好中国故事的塑造力，能做好中华文化外宣外译工作，具备严谨的学术道德和职业精神、扎实的翻译理论素养和较强的双语能力、口笔译能力、跨文化交际等能力的高层次、应用型、专业性口笔高端语言服务人才。	全日制硕士专业学位研究生学制为3年。	课程包括学科核心课、学科素养课和专业选修课三个部分。其中，学科核心课不少于4学分，学科素养课为2学分，专业选修课包括选修课、学科交叉课程、国际化课程等部分，总共不少于4学分，总学分不少于10学分。 专业类课程包括但不限于语言与语言学、社会语言学、外国语言学研究方法等外国语言学研究基础课程，西方文化研究理论与方法、中外文学关系等比较文学与跨文化研究基础课程，文献综述与科技论文写作、海外汉学研究（选修）、文学地理学（选修）等。

续表

学校	培养目标	学制年限	课程设置
哈尔滨工业大学	培养能适应全球经济一体化及国家经济、文化、社会建设需要，具有熟练翻译技能的高层次、应用型、专业性口笔译人才。	全日制硕士专业学位研究生学制为2年。	课程由学位课、选修课和必修环节三个部分组成。其中，学位课20学分，必修环节4学分。总学分24学分。研究生MTI共有英、俄两个学科培养方向。翻译硕士由科技笔译、经贸翻译和计算机辅助翻译三个研究方向组成。专业类课程包括但不限于科技笔译工作坊、新闻翻译、经贸翻译、旅游翻译、业界专家专题课(翻译技术、本地化翻译、翻译项目管理等内容)、工科知识导论与翻译等。

续表

学校	培养目标	学制年限	课程设置
长沙理工大学	依托学校的交通、电力等行业背景与理工科学科特色及海外两所孔子学院，从实践性和实用性两个方面培养掌握扎实的专业技能，具有丰富的行业经验，胜任对外工程项目翻译和对外文化传播等工作的翻译硕士。	全日制硕士专业学位研究生学制为 3 年，最长学习年限不超过 5 年。对学习成绩和科研情况表现特别优秀的硕士生，可申请半年或一年提前毕业。	学分内容包括课程学分、必修培养环节学分和学位论文学分、第二课堂四个部分。课程学分包括公共基础课（6 学分）、专业基础课（14 学分）和专业选修课（18 学分）；必修培养环节学分包括专业实践（6 学分）、学术活动（2 学分）和开题报告（2 学分）；学位论文 34 学分；第二课堂为体育、美育、劳动教育（含社会实践）、就业指导与心理健康教育等七门课程，要求不少于 5 学分。总学分不少于 87 学分。 专业类课程包括但不限于翻译概论、文学翻译、应用翻译、中外翻译简史（选修）、跨文化交际（选修）、文献查找与论文写作（选修）、工程认知（选修、计算机辅助翻译（选修）、区域与国别研究（选修）、中国诗学典籍精读（选修）等。

续表

学校	培养目标	学制年限	课程设置
湖南理工学院	培养具有较强的教育实践能力，能胜任相关的英语教育教学工作，在现代教育理论指导下运用所学理论和方法；熟练使用现代教育技术，解决英语教育教学中的实际问题；能理论结合实践，发挥自身优势，开展创造性的英语教育教学工作；了解中小学英语课程改革，掌握英语课程改革的新理念、新内容和新方法；具有发现和解决问题、终身学习与发展的意识与能力；能熟练阅读与本专业相关的英语文献的英语学科教学方向专业人才。	全日制硕士专业学位研究生学制为 2 年，最长学习年限不超过 3 年。	课程由学位基础课、专业必修课、专业选修课和实践教学四个部分组成。其中，学位基础课 12 学分、专业必修课 10 学分、专业选修课 6 学分和实践教学 8 学分。总学分不少于 36 学分。 专业类课程包括但不限于政治理论(含教师职业道德教育)、课程与教学论、英语教学设计与实施、外语教育研究方法与论文写作(选修)、校内实训(实践)、校外实践等。

值得一提的是北京理工大学及哈尔滨工业大学的建设情况。北京理工大学和哈尔滨工业大学借鉴了国外优秀案例，采取了书院制。

北京理工大学明德书院于 2018 年学校开始推行书院制改革的背景下成立，坚持将思政工作贯穿教育教学全过程，在全面提高书院科学管理教育服务的业务能力和创新能力，为拓宽学生的视野等各方面提供了有力的支撑。"三全育人"导师也为纵向"传帮带"式朋辈引领教育提供了土壤。以建设和谐的特色育人环境，培育全方位发展的高素质创新人才为目标。哈尔滨工业大学(威海)书院制下的丁香书院等书院,完善了课外学生学习的方式方法。各学院学生混住一楼,互帮互助博采众长。

除此之外,北京理工大学要求课堂教学应注重专业性。强调科技翻译特色,利用学校理、工等学科资源,聘请相关学科的专业教师或行业实践经验丰富的翻译专家为学生上课或开设讲座。加强翻译专项技能的训练,培养学生的翻译能力。还要求学生参加翻译专业资格(水平)考试(CATTI)二级笔译考试。长沙理工大学要求申请学位论文答辩之前,应满足以下任意一条:在韩素音国际翻译大赛、湖南省研究生翻译大赛、湖南省外事笔译大赛、湖南省同声传译大赛、全国口译大赛、海峡两岸口译大赛等省部级及以上翻译大赛中获奖,或获取专业等级证书(CATTI 三级及以上)、上海高级口译证书、澳大利亚 NATTI 翻译资格证等;以长沙理工大学为署名单位、笔者为第一作者(或导师为第一作者、本人为第二作者)公开发表译文1篇、公开发表学术论文1篇,或公开出版的译著不少于5万字;硕士研究生在读期间参加各类学术会议,提交论文并在小组宣读或获奖且有书面证明,等同1篇公开发表的论文。

而通过表格可以看到,上述抽取院校中,均是在和教育部制定的培养方案一致的前提下,基于院校自身特色及办学理念进行了更具体的培养目标制定工作。学制年限上,大多院校实行弹性学制,全日制硕士专业学位研究生学制至少1.5年,最长可达5年。学分要求上各院校有相同之处,即大部分学分都是专业必修课程;但是也可以看到各校特色,即部分院校设置特色选修课,供学生选择,且要求修够一定的学分量。课程设置方面,主要共性为院校设置各种翻译技能及语言学习相关的基础课程,部分院校外加一些特色课程。课程类型分专业必修课和专业选修课等门类,强调翻译范围的广泛性与特殊性。

在对比过程中,首先,能看到北京理工大学和哈尔滨工业大学等院校将科技翻译工作坊作为必修课，以往的翻译教学基本上都是以文学翻译为主，而从目前全国翻译图书市场来看，文学翻译所占比例较低，大多是非文学翻译。另外，从就业中的翻译工作任务来看，科技翻译工作比例较高，因此专业翻译教学应更加注重实用文体翻译教学及实践，将科技翻译变为必修课程，具有现实意义。经过多年来各个院校的培养调整，可以看到大部分院校已经逐渐将翻译教学重点放在应用性文本翻译上来了。其次，部分院校还开设了中国语言文化类的课程，母语掌握能力亦是决定翻译水平高低的关键因素之一，因此开设此类课程很有必要。最后，部分院校很注重学校特色，开设了和学校强势专业或特色学科相关的课程，以帮助学生提升认知，培养翻译专攻领域人才。如上海理工大学通过突出科技翻译，结合大学在机械、能源动力、计算机科学等专业的优势，大力培养科技方向的实战型口笔译人才（程林华等，2012）。

2.2.4 师资队伍建设

国务院学位办在 2007 年下发的〔2007〕19 号文件，对翻译硕士专业学位试办单位的师资条件提出了以下三点要求。

①对翻译硕士核心课程及重要必修课程均应配备 2 名以上专任教师，并且教师要具有较丰富的教学经验。其中教授和博士学位获得者须达到一定比例。

②担任翻译硕士核心课程及重要必修课程的任课教师中具有口译或笔译实践经验的比例应不低于 70%；笔译教师应承担过 30 万字以上的正式笔译任务，口译教师应担任 20 次以上的正式场合的交传（同传）任务。

③应具备一定数量的来自实际翻译部门的资深翻译工作者任兼职教师。翻译硕士专业学位培养的是具有"高层次、应用型、专业化"特点的专业口笔译人才。

2009 年 3 月，教育部再次下发了《关于做好全日制硕士专业学位研究生培养工作的若干意见》(教研〔2009〕1 号)文件，文件内容说到，应重视构建和形成一支适应专业学位研究生教育的师资队伍，建立健全合理的教学科研评价体系；建立健全校内外双导师制，校内导师指导为主，校外导师为辅参与实践过程项目研究、课程与论文等多个环节的指导工作；培养单位还应吸收不同学科领域的专家、学者和实践领域有丰富经验的专业人员，共同承担专业学位研究生的培养工作。

为进一步建设适合我国国情及专业硕士培养院校特色的需要，专业学位研究生教育制度进一步得到了健全。2010 年 4 月，教育部下发了《关于开展研究生专业学位教育综合改革试点工作的通知》(教研函〔2010〕1 号)。试点工作的基本内容主要包括两个方面：一是在培养模式方面，在课程体系设置、师资队伍建设、教学内容与方式、研究课题和专业技能训练、实验室和实习实践基地建设、考核评价标准和方式等内容上，应有实质性的创新；二是在管理机制方面，在招生结构调整、与行业和企业共建合作、教学科研考核与评价机制、奖助贷体系建立、教育管理机构完善等方面，应有突破性的改革。通过综合改革试点工作，促进和提高培养单位对专业学位研究生教育的科学认识，引导不同类型的研究生的合理定位，同时充分发挥学校自身的办学优势，改变专业学位研究生教育学术化倾向，探索适合专业学位研究生教育规律的培养模式、质量标准、保障体系和办学管理体制，以进一步促进专业学位研究生教育水平和人才培养质量提高，逐步构建和完善与经济社会发展需要相适应的专业学位研究生教育体系。

2019 年 10 月 17 日，我国的《深化新时代职业教育"双师型"教师②队伍建设改革实施方案》正式出台。该方案提倡在我国建立"双师型"师资队伍 。其中，对"双师型"教师有以下几点要求："双师型"教师队伍

---

② 双导师负责制，即一个是校内学术导师，另一个是校外社会实践部门的导师。校内导师主要负责研究生的业务指导和思想政治教育，校外实践部门导师参与实践过程、项目研究、课程与论文等多个环节的指导工作。

的招聘人员应从具有 3 年以上企业工作经历并具有高职以上学历的人员中展开，职业教育和高等教育的教师皆应如此。

翻译专业硕士作为一种对实践性要求程度极高的职业化人才，相较于传统学术型硕士，更需要"双师型"教师的协助培养。而教师学历及社会实践经历都是教授翻译硕士课程教师应具备的素养。"双师型"师资队伍既重理论，又重实践，将教学与实践有机结合，双管齐下的师资队伍建设理念既可以推进学校的培育工作，又可以推动企业的发展。阳明凤等(2020)也提到应将"双师型"的师资队伍作为构建实践教学保障体系的主要目标。同时，这也是为实现翻译专业可持续性发展的极具预见性的一大举措，在培养"双证型"，即手持学位证和翻译资格证双证的翻译人才过程中，"双师"在沟通联络高校与地方企业方面起着重要的桥梁作用。

下面，是对各抽取院校师资队伍大致情况的介绍。

北京理工大学：外国语学院的 MTI 教育中心共有 16 位任课教师。学院还常年聘请美国、英国、德国、日本、西班牙等国专家 10 余人在学院任教。另外，北京理工大学独特的书院制模式对翻译学科建设具有一定的意义。六类导师类型中的校外导师、通识导师和学术导师等三类导师，通过学者、干部、师长等渠道引入学生教育管理工作，助力学生教育(秦奎伟等，2021)。

上海理工大学：学院现有教职员工 188 名，其中专任教师 170 名，含教授 13 名，副教授 48 名，具有博士学位教师 87 名，在职攻读博士学位教师 8 名。英语、德语和日语长期专职外教 8 名，短期项目外教每年 10 人次左右。实行双导师制。

福建工程学院：人文学院现有专任教师 126 人。其中苍霞学者 1 人，闽江学者讲座教授 1 人；教授 9 人，博导 1 人，硕导 11 人，副教授 39 人；拥有博士学位 46 人、在读博士 4 人；福建省高层次人才称号(C 类)2 人、福建省高校杰出青年科研人才培育计划 2 人。学院聘请龚鹏程、陆建德、陈平原、张帆、罗选民、王克非、叶培贵、John Corbett、李德凤、潘文国、卢仁龙、王天根等国内外著名学者担任特聘教授、名誉教授、兼职教授、客座教授、讲座教授。

西北工业大学：学院现有教职工100人，教授9人，副教授45人，硕士生导师21人。其中，国家教学指导委员会委员1人，全国工程硕士英语专家组成员1人，陕西省教学名师3人，陕西省人文英才计划1人，陕西省优秀教师1人，"宝钢"奖教金获得者2人。学院与多个国家的教育或研究机构在人才培养、教师互访、合作教学、科研协作等方面建立了交流与合作关系。每年都有来自美国、德国、英国、法国、瑞典等多个国家的10多位外籍教师在学院兼职任教。

其中，欧洲句法学家Solveig Granath受聘为学院客座教授。学生培养工作采取"双导师"制度，校内导师及指导小组一般由2~4名副教授及以上专业技术职务的教师或硕士生导师组成，其中应包含1名非本学科专业的教师。

成都理工大学：学位点现有硕士生导师32人，其中教授7人，博士学位导师7人。学位点聘请来自加拿大里贾纳大学等高校或企事业单位、在业界具有较大影响力的专家学者、行业专家共30余人担任校外导师。

哈尔滨工业大学：硕士点的教研团队由1名资深翻译家、6名翻译学博士、3名在读翻译学博士等20人组成。其中教授5人，副教授10人，讲师5人；硕士生导师12人。

长沙理工大学：外国语学院现有在编教职工136人，其中教授8人，副教授39人；博士25人。学院现聘国(境)内外客座教授、兼职教授、行业专家30多人(其中外国籍教授6名)。导师组成员应以具有硕士研究生导师资格的正、副教授为主，以企事业单位具有高级专业技术职务的译员为辅。实行双导师负责制。

湖南理工学院：研究生院共有21位教师。其中，教授10人，副教授9人,博士8人。

可以看到在抽样的院校中,各个学院都拥有一支学术思想活跃、专业知识丰富、教学本领过硬、科研能力出众、专业素质优良的教师队伍,学术造诣较深、教师团队在国内外均有一定影响,部分学院教师还是在相关的学术团体担任重要职务的一批学术带头人。部分985、211院校学科类别分类较为细致,教师负责方面及归属也更加明确。绝大部分院校都采取了"双师型"师资队伍的培养模式,在具体细节方面又有些许出入,发挥了各校自身的主观能动性。

2.2.5 软硬件设施情况

随着科技高速发展,人文学科教学也逐渐趋向于数字化、媒体化,相较于多年前,我国的各大高校也在积极投入翻译硕士软件、硬件资源的配备工作于实践教学中。课程教育更好地开展离不开数字传媒等设备配备,翻译硕士培养也重在实践,因此专业学位点与翻译专业相关的实际部门应有较密的合作关系,以提供良好的翻译硕士专业学位教育口笔译实践基地。综上,要求教师掌握技术设备使用能力,从而辅助学生翻译学习、任务的进行。另外,学科相关讲座、学术会议、交流合作项目等也是助力翻译硕士培养的关键要素。因此,下文主要从相关设施和相关资源两大方面展开叙述。

2.2.5.1 翻译硕士相关设施

关于翻译硕士相关设施资源方面,仲伟合(2007)总结道,针对口译方向,要求翻译硕士教学点具备如下要素。

①数字化语言实验室和同声传译实验室。

②大量语音学习及练习材料,包括各种会议的真实原始语料等供学生学习使用。

③丰富的网络资源,对条件较好的单位要求有计算机辅助教学软件及资源。

针对笔译方向,要求翻译硕士教学点具备如下要素。

①案例教学资源、现代化教学设备和多媒体教学环境。

②丰富的翻译工具书、翻译教材和翻译研究资料。

③各种翻译教学和翻译应用软件。

另外，戴文静和韩祎楠(2020)提到高校图书馆应通过空间个性化、馆体智能化与资源分配合理化等进行内部协同创新发展，并注重与校内机构、其他高校、科研院所、地方机构、企业等外部多个创新载体的深度合作，统筹于整体，立足于细节。高校图书馆应以推动多形式产出为目标，积极牵头建立协同创新联动机制；以学科服务转型为契机，开展嵌入式内涵学科服务；注重知识产权保护，促进成果转移与推广。

下面是抽取院校相关设施的配备情况。

北京理工大学：学院依托学校理工科优势，建有语言工程与认知计算工信部重点实验室。另外，学校拥有先进的语言实验室和丰富的图书资料。

上海理工大学：设有自主学习中心、计算机辅助翻译实验室、同声传译实验室、笔译实验室、口译实训室、语音实验室等教学、自习环境。

福建工程学院：学院拥有福建省首批社会科学研究基地"地方文献整理研究中心"、两个福建省教育厅传统文化传承教育基地"福建乡贤文化研究中心"和"古琴美育"、福建省委宣传部支持创建的"闽派翻译展示馆"、福建省民族宗教文化信息数字基地及 7 个校级科研单位；学位点拥有笔译(计算机辅助翻译)实验室、口译(同传)实验室、数字语音实验室、外语新文科综合实验室、工程技术翻译语料库以及商务英语综合实践系统等专业技术实践实训平台或资源。

西北工业大学：学院建有联合国教学与研究中心、中墨人文交流中心、德国研究中心(太仓)、语料库语言学实验室、外语培训中心、写作中心、研究生创新实践基地等科研教学平台，建有多媒体语音教室、同声传译语音实验室、MTI 口笔译专业实验室、外文图书资料室、语料库实验室、联合国教学与研究中心等。

成都理工大学：学院购买了 ITEST、TRADOS、SPEEXX 等多个外语教学和实训软件平台；在国内外建有 30 多个教育实习基地；学院的外语实践教学示范中心拥有同传翻译实验室、笔译实验室、视听翻译室、外教口语沙龙、全程录播室等语言实验室总计 1 200 余座；学院的图情中心藏有 3 万多册图书。

哈尔滨工业大学：学院有独立资料室和 Jstor，Project Muse，Literature online 等数据库。

长沙理工大学：学院拥有湖南省非洲文化研究与交流中心和湖南省科技翻译工作者协会两个省级平台；承办利比里亚大学孔子学院，协办黑山大学孔子学院及马来西亚沙巴大学孔子学院。另外，学院建有同声传译实验室、网络语音实验室、口语测试实验室、口笔译实验室、计算机辅助翻译实验室、录播语言实验室、情景实验室等共 13 间。

湖南理工学院：学院建有语音实验室、同声传译室、双向可控微格教室、多媒体课件制作室、影视欣赏室等一系列实验室；学校图书馆藏有外文图书 11 300 余册；学院订有各类外语期刊 30 余种，其中国外原版期刊 8 种；建有实训、实习基地 20 多个。

2.2.5.2 翻译硕士相关资源

对外交流项目是 MTI 教育建设的重要内容。能参与对外交流项目，对 MTI 的教和学都有着重要的促进作用。对外交流的情况，不仅可以反映培养单位的专业建设水平，也是教学成果的重要内容之一。近年来全国 MTI 学生对外交流人数呈现逐年递增趋势。

下面是部分抽取院校的对外交流项目情况。

上海理工大学：学院与众多国内外大学、科研院所、出版社等学术机构建立了广泛合作关系，是上海理工大学与上海公共外交协会合作共建上海公共外交研究院的主要研究部门，并担任中国高校外语学科发展联盟理工类院校委员会秘书长单位。另外，学院内开展若干中外交流、学科会议、学科活动、交流项目等。

西北工业大学：学院已与美国的杨百翰大学、惠特曼学院、约翰逊县社区学院，瑞典的卡尔斯塔德大学，德国的费森尤斯应用技术大学等多个国家的教育或研究机构在人才培养、教师互访、科研协作等方面建立了交流与合作关系，并与瑞典的 Karlstad University 实施联合培养博士的项目。学院开展各类国际学术交流活动，资助研究生出国（境）参加高水平国际会议，资助学生参加每年的寒暑期出国（境）交流项目及各类短期出国（境）访学项目及开展创新实验项目。

哈尔滨工业大学：学院与加拿大、澳大利亚、美国、俄罗斯、日本等多个国家和地区的高校建立了合作关系，并且正在开发更多的联合培养项目，为越来越多的学生创造出国深造的机会。

可以看到，各大理工科高校在翻译硕士培养设施和资源上都进行了大力投入。各学院普遍具有较好的教学科研条件和现代化教学设施，部分抽取院校学院建立了立体多元的外语实践实训平台。而随着图书馆服务的不断拓展和延伸，高校图书馆逐渐由基础保障性服务向多样化、专业化、精准化、个性化服务转变。例如，上海理工大学图书馆基于"三全育人"的指导理念，对持续开展的引导式科研竞赛服务进行深入剖析，并提出高校图书馆引导式科研竞赛服务的可持续发展策略（李婧等，2022）。哈尔滨工业大学及西北工业大学等院校更是发挥了自身平台优势，为学生搭建了众多出国交流、留学的宝贵机会；福建工程学院借助自身的地理位置及学院优势，建设了富有学校特色的设施。另外，钱多秀和杨英姿（2013）还提到除了上述各高校的特色化建设，部分 MTI 高校的教育在奖学金设置方面体现出一些共性。在奖学金的设置上，部分高校的全日制专业学位硕士生在基础奖学金、单项奖学金、国家奖学金上享受和学术型相同的待遇，如西北工业大学的外国语学院为积极鼓励研究生发表学术论文、申请研究生创新种子基金以及研究生导学团队。这种奖励机制也值得有能力的高校借鉴。

2.2.6 科研成果

科研成果有效地展示了学院师资力量、办学实力以及学生的学习效果等情况。教师的科研成果展示了自身学术素养及教学运用时的所感所悟，助力翻译硕士学生更好、更高、更快地成长、发展。

以下是对抽取院校教师的科研成果展示（本节数据来源于培养院校官方网站，数据统计时间段为 2017 年 1 月 1 日至 2022 年 12 月 31 日）。

北京理工大学：学院 MTI 教育中心的教师近五年在国内外重要学术期刊发表论文 170 余篇；获批国家社科基金、教育部人文社科基金以及北京市社科基金等省部级以上科研项目 20 余项；出版专著、译著、教材 40 余部。外国语学院 2005 年获得国家级教学成果一等奖，2017 年获得北京市教学成果一等奖，此外还有多项成果获省部级奖励。学院现为教育部大学英语教学改革示范基地。《大学英语视听说》课程 2007 年先后被评为北京市和国家级精品课程，《学术用途英语》2020 年被评为国家级一流本科课程。

上海理工大学：近年来，外语学院导师共获得国家社科项目、教育部人文社科基金项目、上海市教委科研项目等若干项。在国内外期刊上发表论文若干篇。另有专著、译著出版数部。课程获市级重点课程称号等奖项。

福建工程学院：近年来，学院先后获得教育部第七届高等学校科学研究优秀成果三等奖 1 项、省社科优秀社科成果奖 6 项，省教学成果奖一等奖 1 项，获得国家级课题 10 余项、省部级课题 50 余项，科研立项总数达 300 余项，在各类学术刊物上发表论文 1 000 余篇。

西北工业大学：近年来，学院主持国家级、省部级项目 50 余项，出版高水平著作 59 部，在 SSCI、A&HCI、CSSCI 等来源期刊发表高水平学术论文 300 余篇，被采纳国家级智库报告 2 篇。已荣获国家级优秀教学成果二等奖 3 项，国家级精品课程 1 项，国家级大学英语精品资源共享课 1 项，陕西省精品课程 2 项；拥有国家级教学团队 1 个，全国总工会"巾帼文明岗"1 个，陕西省教学团队 3 个。作为"模拟联合国"学生活动的重点基地，由院教师指导的校模拟联合国团队取得了一定的成绩。

成都理工大学：学院教师主持国家社科基金项目、教育部人文社科研究项目、四川省哲学社科项目共 30 多项，出版专著、译著、教材等200 多部，发表论文 700 多篇，获省人民政府教学成果奖 5 项，获省、市科研奖 30 多项，完成 500 多项口、笔译项目。

哈尔滨工业大学：教研成果体现在语篇翻译、语用翻译、科技翻译、计算语言学与翻译方法、文学翻译、认知翻译、功能翻译、文体翻译、口译等方面。近年来，学院教师发表论文 50 余篇，出版专著和译著 10 余部，主持国家级和省部级教学科研项目 10 余项。

长沙理工大学：笔译专业教师近年承担国家级、省部级项目 20 余项；发表论文 30 余篇，省级获奖 15 项；出版教材、译著等 15 部。口译专业有在英国威斯敏斯特大学攻读口译博士学位的钟蔚老师领衔的口译团队，先后在"英中贸易协会'一带一路'"报告发布会等近 50 个高端经贸、旅游的会议、会谈中担任口译或同传，口译总量数百场次。

湖南理工学院：学院教师近年在 *Computers and Education*、*Journal of Linguistics*、《外语教学与研究》《中国翻译》《外国语》《现代外语》《外国文学研究》等重要 SSCI 与 CSSCI 源刊发表论文 70 余篇，在外文出版社、上海教育出版社等知名出版社出版论、译、编著 8 部，获国家级科研项目 9 项、省社科基金等省级项目 80 余项。6 名教师荣获"湖南省普通高校教师课堂教学竞赛"一等奖，4 名教师被授予"湖南省普通高校教学能手"称号。

通过上述内容可以看到 MTI 培养教师自身受教育经历较优。教师皆在本领域有所建树，教学成果丰硕，部分硕士点的教师具有丰富的口笔译教学与实践经验。老师荣获过多项荣誉。但是，从事翻译教学的教师还是以研究型为主，成果也以论文为主要产出类型。另外，教师同时担任外国语言文学课程以及 MTI 课程的情况比较普遍。说明在专业课授课教师师资建设方面，大部分理工类翻译硕士培养院校均未做有效区分，导致专业型和学术型教师的成果产出类型和授课范围趋同。

2.2.7 实践教学环节

《翻译硕士专业学位研究生指导性培养方案》中对翻译实践能力培养的重要性做了进一步强调。方案指出，翻译实习基地建设为学生提供了实践机会，是学习与就业之间的重要衔接，为学生未来从事翻译相关职业搭建桥梁。翻译实习基地的建设与发展是当前 MTI 教育规范化、制度化建设的重要内容。全国翻译专业学位教指委、中国翻译协会在 2011 年 7 月联合制定并发布了《全国翻译专业学位研究生教育实习基地（企业）认证规范》，并于 2013 年 7 月启动首批认证工作。该规范为创新翻译专业学位研究生教育培养模式，促进产学研结合以及翻译专业教育实习基地的科学规范做出了规定。苗菊、王少爽（2010）提到 MTI 教育应实施多样化的教学模式。教学模式应包括以下几种主要类型。

案例教学法：教师在课上举出实际的翻译案例，指导并带领学生运用翻译理论，对案例成败原因进行分析、讨论，并提出自己的想法与对策，锻炼学生分析问题、解决问题的能力。

情景模拟教学法：在课堂中，教师指导学生对实际商业环境下翻译项目的操作过程进行模拟，学生扮演项目中如译员、项目经理、质检人员等不同的角色，学生在模拟中体会翻译实践过程，增长经验。

实训教学法：翻译实训平台。教师依据"任务驱动模式"，以情景模拟和项目实践为特点，组织学生承担不同类型的翻译项目。课上了解流程中各岗位的不同技能，在实践活动中应用翻译技术与工具，强化学生的实操能力。其中，实训翻译教学对教师个人水平要求较高，授课教师首先应具有较高的理论应用水平、教学教研能力和熟练的翻译实践技能等能力。

翻译工作坊：组织与翻译行业实践相关或是与翻译活动、翻译行业、职业译者相关的不同主题的模块内容，也可以将实际翻译项目引入课堂，带领学生进行探讨学习，以提升学生兴趣，丰富相关知识。

实践实习：让学生去翻译公司进行实地学习，参与实际的翻译项目。实习期间，学生观察译员实际工作情况，体验翻译行业的运作程序，培养职业素养，获得翻译实践经验。

校外实习：对翻译硕士的校外实习基地设置主要包括学校主导型、企业主导型以及校企主导型三种模式。其中，校企主导型培养模式运用广泛，成效也较好。校外实习的根本目的在于帮助学生做好学习和就业的衔接。因此学校要和企业合作，专业要与产业结合。除此之外，各高校还应该综合考虑自身学科优势、地理位置环境情况、资源优势、市场需求等多方面因素，为翻译硕士学生筛选适合的企业进行合作。合作过程中，企业主要负责提供专业化、系统化入职培训，技术性设施设备，实战演练的机会等，学校主要负责基础理论知识的教授，新技术的研发、新产品的开发，以及为企业提供专业化的技术型师资队伍，校企共同发展 MTI 学生培养工作(阳明凤等，2020)。

而对口译实习的类型大致可以分为以下几种。

模拟交传(同传)：对一场真实口译工作进行全过程的高度模拟。模拟会议或活动的发言人应是在真实机构任职的工作人员、其他专业的教师或硕博生。他们都是各自领域的专家，应邀参与到课堂中来，担任发言人。模拟交传地点多为教室或模拟活动现场，模拟同传地点多在同传室。

现场口译观摩：真实活动开始后，学生需和真实译员一样同时笔记记录，进行"心译"。对现场口译处理得精彩或有待改进的地方进行记录，之后以日志或周志的方式写出自己的感受和总结，事后与当时的译员或老师进行进一步的询问和沟通，以完成学习。这样的现场观摩可以让学生提前感受真实口译活动的氛围，观察职业译员在口译活动开始前的准备工作，对真实口译流程更加了解。在口译进行过程中对常见、突发或棘手问题的处理方式，在一定程度上为将来的口译工作积累经验。

实习基地的实习活动：实习活动包括校内校外两种。实践基地类型应丰富多样，能达到的情况下应尽量包含校外实训基地、科研教学平台和国际联合培养基地等。其中，校外实训基地包含各级外事部门、翻译与本地化公司等部分。有部分 MTI 院校分别与国际组织、海外院校展开国际联合培养基地建设工作，与联合国、欧盟、美国、澳大利亚、日本的一些组织和院校展开合作，通过"学院培养 + 基地培养"结合的实践教学模式促进翻译人才的国际化和现代化培养(任文，2012)。

以下是抽取院校实践教学环节的情况展示。

大多数院校在 MTI 专业培养过程中采用课程教学、实践实习、翻译专业资格考试、学位论文相结合的培养方式。具体有以下几点说明。

①实行学分制。学生必须通过规定课程的考试或考核，成绩合格方能取得该门课程的学分，不合格者应进行补考以修够规定学分量。

②重视实践环节。强调对学生翻译实践能力和翻译案例的分析能力的培养，翻译实践贯穿教学全过程，要求学生在学期间至少有 15 万字以上(对字数要求各校略有出入)的笔译实践或相应量的口译实践。

部分院校还做了特色性要求。

北京理工大学：在翻译实践环节，翻译专业硕士研究生第二学年进入翻译实习基地或其他企事业单位相关部门进行实习，可采用集中实习与分段实习相结合的方式，必须保证不少于 6 个月的翻译实习时间(其中校外实习不少于 2 个月)。实习结束后，学生须将实习单位出具的实习鉴定交给学校，作为完成实习的证明。

在学术活动部分，学生应积极参加包括学科竞赛、国内外翻译比赛、自主举办翻译沙龙、产学研项目、自主创业等活动。研究生在学期间应参加 5 次翻译行业报告会或翻译学术报告，并撰写报告总结；每次总结不少于 500 字，简述报告内容并阐明自己对相关问题的观点或看法。

上海理工大学：除了常规授课外，导师还为学生提供口译实践机会，参加科技展会，如 2011 年上海国际汽车零配件/维修检测诊断设备/服务用品展览会等众多科技口译的口笔译实习活动。

福建工程学院：目前已在福州、厦门等地设立了包括福建省外事服务中心、福州译国译民翻译有限公司在内的多个实习实践基地。学生亦可参加福建省影响力较大的国际会展或国际文化、体育等交流活动如"海交会""福建项目成果交易会"等的口笔译工作。

西北工业大学：学院对 MTI 培养重点在于国防科技翻译。学院建立航空航天翻译平行语料库以及工作坊等。另外，学院还注重学生国际胜任力的培养，开展的模拟联合国项目极大地锻炼、输送了不少优秀翻译人才。

哈尔滨工业大学：采用研讨式、口译现场模拟式教学，重视实践环节，成立导师组，发挥集体培养的作用。

长沙理工大学：要求学生在读期间必须参加翻译专业资格（水平）证书（CATTI）三级（及以上）口译或笔译考试，鼓励学生积极参加各级各类的翻译比赛。根据学生的参与程度和取得的成绩，由校内外指导教师按照五个等级（优秀、良好、中等、及格、不及格）进行综合评定，及格及以上等级方可获得 2 学分，且在第五学期期末之前完成。学生应运用所学知识服务社会发展，包括基地实习、语言服务、承接翻译项目、外事活动翻译等，实习期限为 2~3 个月。实习结束后，由实习单位和指导教师按照等级进行综合评定，及格及以上等级方可获得 2 学分。实践教学方面，采用研讨式、职场模拟式教学。口笔译课程采用项目翻译的方式授课，开设职业模拟课堂，运用口笔译实验室或计算机辅助翻译实验室，不间断地加强翻译技能训练；聘请有实践经验的高级译员为学生上课或开设讲座。学院还与成都通译商务咨询有限公司、成都精益通翻译有限公司等多家知名翻译大公司合作建有校外实习基地。

湖南理工学院：要求硕士生在学期间需完成教学技能训练、微格教学、课例分析、教育见习、教育实习、教育研习等实践教学项目。

在众多授课模式中，翻译工作坊模式算得上翻译实践教学的一大创新。在工作坊授课过程中，各校应根据办学特色及课程设置，有重点有特色地设置实践教学环节，在保障效率的基础上，个性化培养翻译专业硕士生(阳明凤等，2020)。

可以说，实践教学是最贴近工作场景也是最有助于提升学生翻译综合能力的一部分教学内容。抽取院校都在积极地进行翻译实践教学，但是大多仍然局限于实际会议现场学习等形式，未来可以探索并且将更多理论中的教学方法运用到实践中来，帮助学生更好地进行翻译实践学习。

同时，随着计算机技术的不断更新、普及，院校应将构建仿真工程翻译环境和校内真实工程翻译环境相结合。刘桂兰(2010)提到，应建立一个基于网络的大型关系数据库，支持翻译硕士培养单位资源共享。各校还应配备机辅翻译教学平台，辅助学生翻译学习。教师应帮助学生掌握计算机使用技能、计算机辅助翻译技能，提高学生的翻译水平与能力。还应根据学生的就业方向，有针对性地加入该校特色或强势专业知识的讲授及翻译技能培训，将知识讲授和训练实操结合进行。同时通过与特色或强势专业学院合作，开展英语(或其他专业语种)以外可习得性专业的基础知识的学习；学生将翻译和其他专业相结合，提高翻译专项技能，拓宽知识面，增加就业机会。

然而据统计，MTI办学单位中，有专业特色的高校数量不足，例如理工类院校占比较高，却有较少学校突出本校的强势专业特色；但由于"一带一路"倡议的实施，对"一带一路"沿线小语种的翻译需求更多一些，但是由于培养点多数都是英语为主，而且不少院校给非英语语种的学生安排口笔译的实习实践机会并不充分，另外教师也对现代语言服务业中翻译的任务和流程比较陌生，无法适应翻译硕士专业教育的教学需求(穆雷，2020)。因此，理工类院校MTI学生培养过程的实践教学环节仍需进一步改进。

2.2.8　毕业论文

穆雷和李雯（2019）提到，翻译硕士专业学位以强调培养学生翻译实践能力为主，但学位论文写作可以对学生的学习动机、学习目标、学习方式、学习投入等产生积极作用，因此必须引起各校的高度重视。

学位办 2007 年颁发的《翻译硕士专业学位研究生指导性培养方案》中提到，MTI 学位论文可以采用项目、实验报告和研究论文三种形式。但是，较为单一的学位论文模式或照搬语言文学硕士生毕业论文模式，显然与翻译硕士培养建设工作并不完全契合。因此，之后的不少学者对学位论文写作参考模板和写作模式进行了探索。

2009 年，教育部又进行了新的调整。在 2009 年 3 月，教育部下发了《关于做好全日制硕士专业学位研究生培养工作的若干建议》（教研〔2009〕1 号）。建议要求专业学位研究生须撰写学位论文，但形式可以多样。可采用项目管理、文学艺术作品、调研报告、规划设计、产品开发案例分析、应用基础研究等形式进行。学位论文须在导师的指导下独立完成，要体现研究生综合运用学科理论、方法和技能解决实际问题的能力。学位论文字数，可根据不同专业学位特点和选题，灵活确定。最后，在学位论文评阅人和答辩委员会成员中，应有相关行业实践领域具有高级专业技术职务的专家。

之后，在教师的推动下，全国翻译专业学位研究生教育指导委员会于 2013 年将三种论文形式修订为翻译实践报告、实习报告、翻译实验报告、翻译调研报告及翻译研究论文共五类。

下面是部分院校毕业论文的要求情况。

上海理工大学：学位论文可以采用以下形式（学生任选一种，字数均以汉字计算）：①项目：学生在导师的指导下选择中外文本进行翻译，字数不少于 10 000 字，并根据译文就翻译问题写出不少于 5 000 字的研究报告；同时需提供合作单位的合同或相关的证明材料。②实验报告：学生在导师的指导下就口译或笔译的某个环节展开实验，并就实验结果进行分析，写出不少于 10 000 字的实验报告；③研究论文：学生在导师的指导下撰写翻译研究论文，字数不少于 15 000 字。

长沙理工大学：①翻译实践报告：学生在导师的指导下，选择真实的翻译实践活动，不少于 10 000 汉字或英文单词的文本，对翻译中的问题或过程写出不少于 15 000 英文单词的实践报告；②翻译调研报告：学生在导师的指导下，对与翻译相关的行业发展、就业市场、培训等进行调研，并就其中存在的问题提出相应对策，写出不少于 15 000 英文单词的翻译调研报告；③翻译实验报告：学生在导师的指导下，对翻译的某个环节进行实验，并就实验结果或数据进行分析，写出不少于 15 000英文单词的翻译实验报告；④翻译研究论文：学生在导师的指导下，就翻译的某个问题进行研究，必须坚持理论与实践紧密结合，写出不少于 15 000 英语单词的翻译研究论文。

湖南理工学院：学位论文应符合研究规范并凸显应用价值，论文形式可以多样化，如专题研究论文、调查研究报告、实验研究报告、案例研究报告、校本课程开发、教材分析、教学案例设计等。字数不少于两万字。

在中国知网中进行检索，理工类院校毕业论文形式为实践报告的论文最早的是青岛科技大学的张逸思（2013）写的《〈最后一关〉翻译实践报告》。最早的实习报告是青岛科技大学的王姗姗（2013）写的《派克汉尼汾（Parker）公司项目翻译实习报告》一文。

当前，大多数院校已经从研究论文逐渐转向以翻译实践报告为主要毕业论文写作方式，未来毕业论文的写作方式也可以朝更多元化的形式发展。

2.2.9　就业情况

随着经济全球化，翻译教育日趋"职业化""市场化"（胡安江，2021）。因此，越来越多的高校开始从企业对人才招聘的要求入手，以此对应作为翻译硕士培养工作的改进方向。根据调查数据，可以得出关于翻译行业的职业要求和职业趋向的预测。

在职位类型方面：市场需求量最大的是直接从事语言文字转换操作

的翻译人员，但是在对翻译管理质量控制、本地化等方面的人才也是行业发展所不可或缺的。从部分职位招聘要求中可以看到，明确要求候选人须具备一定的本地化行业知识和经验，可见翻译公司正准备从技术人才向本地化行业过渡转型。因此可以说，对翻译人才未来发展有着更多的机遇及更加广大的市场。

在语种要求方面：当前翻译行业岗位大多招聘英语人才。随着经济全球化、企业国际化进程及"一带一路"倡议的日益发展，对日、法、德等小语种翻译人才的需求正在增加。在一定程度上可以预见小语种今后的巨大发展潜力，尤其是具备两种或两种以上外语翻译能力的人才则更受企业欢迎。

在岗位要求方面：在对口笔译的需求中，笔译需求仍占绝大部分。另有不少翻译岗位口笔译皆未涉及，而是要求岗位人员具有良好的英语沟通能力和表达能力，或者是要求翻译岗位人员能承担公司的其他具体业务。值得注意的是，部分职位并不要求专业对口，而是要求岗位人员拥有较好的外语输出能力。除语言能力外，企业对翻译岗位人员的翻译能力也提出了要求。一些企业要求应聘人员需要具备翻译资格证（CATTI）二级或三级证书。另外企业较为看重翻译实践经验，部分企业在招聘信息中明确提出翻译岗位应聘者需要有一定的翻译实习经历或翻译经验。最后，岗位对翻译人员的要求是希望具备一定的医学医药、国际贸易、跨境电商、电脑数码、时尚前沿等行业知识以及基础办公、交流以及协商等综合能力。

在专兼职情况与专业领域方面：大多数译者实际处于兼职工作状态，这也就要求译员应具备某个或几个专业领域知识。机械、商贸、化工、汽车、IT 等几个行业领域所需译员人数占绝大多数。而翻译管理人才多为全职工作状态，且须具备管理方面的相关知识和经验。

在职业技术能力方面：由于现代科技的应用和对本地化新市场的开拓，除传统的职业能力之外，对从事现代翻译行业所必需的职业技术能力的要求日益凸显。其中，包括娴熟的计算机操作能力、翻译软件使用能力以及本地化能力都是企业较为看重的技术能力。超译的文字转换和项目流程管理取决于计算机提供的各种功能，充分利用超译软件可以有效避免重复翻译劳动，只需专注于内容的翻译，有效提高翻译速度和译文质量。但是，掌握相应软件的使用方式方法也成了对译员的一大要求。据预测，中国正在成为继爱尔兰之后的全球多语言信息技术处理中心，本地化是其核心业务，（周银凤，2022；苗菊等，2010）。综上，可以说企业岗位对翻译人才的需求是具备和该公司主营业务相关背景知识的外语人才。

下面是对部分抽取院校 MTI 学生毕业情况的展示。

西北工业大学：毕业后学生大多为从事外事、对外贸易，涉外旅游、公共关系、电子商务等工作；在高等院校及研究机构从事教学、翻译、管理及研究工作以及继续攻读博士学位等三类去向。

长沙理工大学：毕业生就业率常年稳定在90%以上。毕业生多数在教育行业、国际工程领域、涉外企业等单位就职或到合作学校加拿大里贾纳大学或其他国内高校读博深造。近年来，中铁中建、中国港湾、湖南路桥等大型国企，高等院校、重点中学等各级学校，华为、惠普、新东方等知名互联网、教育企业也来院选聘毕业生。

此外，王立非、王婧（2016）对三届英语 MTI 毕业生的数据进行了调查和分析。得出结论为，提升翻译硕士学生就业能力、拓宽就业面，应实施"分类分层、就业导向"的人才培养模式。另外，在培养方向上，MTI 培养的是翻译专门人才，但在实际中，外交部、商务部、外文局等对专职翻译要求高、需求量小，对顶尖院校人才选拔几乎已经可以涵盖。另外，通过调查可知，从"985""211"毕业的高校毕业生大多不愿意去民营翻译公司就业，导致最终 MTI 毕业生在非翻译岗位就业较多，因此翻译能力仅变成了求职的一项技能。培养目标与培养结果产生较为严重的不符现象，因此就是否应该调整专业定位和培养目标这一问题上，他们建议按照行业和就业需求，选择语言服务与管理、企业对外传播、中华文化汉译外、互联网金融、跨境电子商务、跨国运营管理等方向，培养复合型商务翻译人才，进一步拓宽学生就业面。从全国来看，近年来，MTI 院校毕业生的年度平均就业率较为稳定，2016—2018 年都在 95% 左右。但是，对招生人数相对较多的理工类院校，从事语言服务行业人数比例却相对较低。因此降低纯翻译学习比例，努力建设"翻译+"学科或许是大势所趋。

2.3　新文科背景下理工类院校翻译硕士培养发展的现实机遇

近年来，在翻译相关专家学者对翻译学科愈渐深入研究的基础上，他们建议对"翻译"进行了重新定位与定义。仲伟合（2015）提到翻译的变化，主要体现在以下几大方面：在我国为提升文化软实力，宣扬"讲好中国故事，传播好中国声音"的文化外宣工作如火如荼的背景下，相较于传统的翻译任务，译出任务将会增多，因此翻译方向发生了变化；翻译内容由单一典籍、科技及文学翻译，已逐渐向多文体、多样化的翻译发展，因此翻译内容和对象发生了改变；越来越多的翻译任务由个人工作转为团队协作，因此翻译方式发生了改变；随着科技的迅猛发展，计算机辅助翻译甚至机器翻译已成为大规模语言服务的主要方式，因此翻译手段发生改变；翻译队伍培养由培养外语人才转变为培养翻译人才，因此培养队伍发生改变；翻译由附属学科已逐渐发展为一门独立学科，需要我们转变看法以及投入更多的研究与关注，因此学科发展与翻译研究发生了变化。可以说，翻译产生的各种变化，与我国国情和整体时代背景是密不可分的。近年，我国提出"新文科"这一概念，只有基于"新文科"背景才能开展好今后的翻译硕士培养工作。

那么，"新文科"是什么？"新文科"的概念最早在 2018 年教育部产学合作协同育人项目对接会上被提出，2019 年教育部联合科技部等 13

个部门共同启动的"六卓越—拔尖"计划 2.0 中被正式推出，进入政策实施阶段。"新文科"是契合我国实际国情及时代背景下提出的新概念。"新文科"从本质来说是以提升我国高等教育质量为出发点，破除学科壁垒与障碍，建立与国家发展战略、"新科技"革命与产业革命相适应的人才培养模式。"新文科"有两个方面的特点，一是它是一种自上而下，由政府主导的国家工程；二是"新文科"建设强调对中国传统优秀文化的坚守和传承。因此，在人才培养过程中，"新文科"建设强调在人才培养方面应抓好创新与传承两个方面（黄启兵等，2020；段禹等，2020）。"新文科"建设一方面基于我国高等教育的现实改革需求，关注人才培养模式、专业结构、课程体系和教学质量等方面的完善与提升。另一方面，"新文科"建设也是在构建中国特色社会科学话语体系、学术体系背景下的应然之举。"新文科"关注知识生产以及知识效用问题。从这两个方面来讲，关注"新文科"建设，挖掘其内涵本质及实践方向，对我国高校推动文科教育改革，进行"新文科"建设实践具有重要意义。

"新文科"，新在何处？"新文科"基于传统文科，但又超越传统文科。对"新文科"的理解应在了解传统文科发展历程的基础上进行。通过对文科的概念内涵、建设动力及核心要素界定的基础上来阐释"新文科"的"新"。与传统文科不同，"新文科"是一个包括理念、标准以及行动框架在内的系统工程（权培培等，2021）。"新文科"的"新"首先体现在跨学科这一方面。"新文科"以新时代、新经济与新产业为背景，融合了理、工、商等诸多其他学科要素的学科框架。"新文科"建设提倡弱化学科边界，提倡学科间互相协作，交叉研究发展。以国家、社会、企业等的中心问题为导向，进行跨学科人才培养工作。其次，"新"强调利用技术赋能。借助现代科技重塑价值观念以及思维体系，将科技、理工和人文有机结合，帮助彼此萌生新创意，取得新发展，焕发新活力。最后，"新"还体现在对翻译硕士生的思辨能力培养上。当前，对学生学习的教授早已不是一味地输出知识，而是教会学生带着批判性的眼光对学习过程进行评判。在批判中帮助教师、培养院校改进培养方式和方法，促进学生知识学习以及多维发展。

"新文科"，目标是什么？"新文科"建设的目标在于提升文科的创新式发展以及人才教育、核心素养发展等方面。外语学科贯穿我国整个教育体系，其核心素养构成应与"新文科"建设对外语学科育人任务要求相一致。王铭玉、张涛（2019）说到"新文科"建设应打破传统文科思维定式，以"继承与创新、交叉与融合、协同与共享"为主要途径，进一步发挥文科的基础性作用，实现其育人价值及作用。因此，在"新文科"背景下，外语学科如何开展建设，如何发挥外语学科的教育功能成了当前的重要任务（安丰存等，2021）。在具体的建设实践中，高校"新文科"建设的模式探索大致有以下四种模式：探索国内外跨学科联合学位培养、建立以多学科集群为基础的现代书院制度、推动"新文科实验室"建设以及践行"传统文科+"。通过上文可以看到，部分院校已经开始运用了其中的培养模式，态势较好，但是仍需在实践过程中逐渐发现问题，改善问题。

因此，在坚持国家的教育方针、下发的培养目标，以及我国发展方向等基本要求下，在 MTI 学生培养工作中的培养方式应更加多元化，即在运用科技辅助翻译任务的同时，拓展自身在思辨、理论、应用、跨学科等多个方面的能力；评估对象、评估方式等应更加多元化。从传统的单向评估转化为师、生、企多向评估；评估方式应从单元化机制向多元化、动态化机制转变，以更好地实现校内评估和校外评估，学术理论和实践成果，对口翻译和专业翻译等相结合；通过综合评估数据分析翻译专业硕士培养的不足，以促进实践教学体系的进一步完善（阳明凤等，2020）。

可以说，各大院校注重更加科学化、信息化、规范化、系统化、特色化地培养翻译硕士已经成为时代的要求和必然趋势。

第 3 章　翻译硕士培养环节解析

3.1　翻译硕士培养单位基本情况简介

Y 大学的翻译硕士学位点设置在 W 学院，该学院有着悠久的发展历史。W 学院 1986 年成立外语系，设外贸英语专业，1995 年建立英语语言文学专业，设商务英语和文化与翻译两个方向。2000 年外语系更名为 W 学院，现有英语、日语、俄语、德语、法语、翻译本科 (BTI) 6 个本科专业 (系)，其中英语专业于 2019 年获软科排行榜全国五星级专业，2021 年入选"国家双万计划"一流本科专业。日语系 2021 年进入河北省一流专业建设序列。学院设英语系、日语系、西语系、大学英语一系、大学英语二系、公共研究生英语系等 6 个教学单位；设综合办公室、学生服务中心 2 个办事机构。拥有外国语言文学一级学科硕士学位授予权，设英语语言文学、日语语言文学、外国语言学及应用语言学和俄罗斯语言文学二级硕士点 4 个，翻译硕士专业学位 (MTI) 硕士点 1 个。W 学院有九个社科研究机构，包括 Y 大学计算语言研究中心、Y 大学手语语言及应用研究中心、Y 大学翻译硕士专业学位 (MTI) 教育研究中心、Y 大学语料库翻译学研究中心、跨文化研究所、应用认知语言学研究所、外国文学研究所、长城文化传播研究所和外语教育研究所，打造了跨学科、跨文化的研究平台和研究视域，突出了前沿语言学理论研究、语言教学、文化传播、借助语料库进行翻译实践研究等学科特色。

W 学院的翻译硕士学科目前共有专任教师 61 人，师资充足，职称、年龄、学缘结构和专业分布合理，其中教授占 23%，副教授占 43%、讲师占 34%，博士学位教师占 41%，硕士学位教师占 54%。研究领域涵盖翻译学、语言学、文学、跨文化交际学、教育学等。其中，有一年以上国外高等院所学习和科研经历的教师占 56%。

W 学院有专用语言实验室有 9 个，多媒体教室 4 个，普通教室 6 个，多功能报告厅 1 个，同声传译实验室一间，有网络翻译技术中心、图书音像资料室、点播和音像录制室，有各类外语图书 3 万余册、外语类期刊 72 种，有先进的电子期刊检索系统及丰富的数字图书资源和音像资料，可直接利用 Springer 外文电子书数据库、中文期刊全文数据库、维普数据库、万方数据库、Elsevior、SDOS、CALIS、Lawrence Erlbaum 阅读和下载国内、国际外语期刊、数字图书及音像资料。

近三年，W 学院教师在专业期刊上发表高水平论文 113 篇，其中 SCI 检索论文 2 篇，A&HCI 论文 1 篇，EI 论文 1 篇，CSSCI 论文 7 篇，1B 论文 3 篇，二级期刊 5 篇，出版专著 5 部、译著 4 部、编著 4 部；承担国家社科基金项目 3 项、省部级项目 29 项、厅局级项目 24 项，教改项目 84 项，有省级精品课 3 门。

W 学院每年组织教师和学生参加外研杯全国大学生英语辩论赛、河北省世纪之星英语演讲比赛、全国大学生口译比赛、全国俄语语言国情文化大赛、全国高校德语专业辩论赛、河北省青年教师教学比赛等，多次获得国家级、省级学科竞赛奖励；同时积极举办日语演剧大赛、英语短剧大赛、法语文化周、德语诗歌朗诵大赛、俄语国情文化大赛、大学英语演讲选拔赛等教学实践活动及各类学术讲座和研讨会，丰富了校园文化。

W 学院先后与美国托列多大学、日本横滨大学、日本广岛大学、俄罗斯阿尔泰国立技术大学、俄罗斯莫斯科市立师范大学、澳大利亚科庭大学、德国慕尼黑大学、澳大利亚西澳大学等多所国外大学合作，开展学生交流、学者互访、科研合作和师资培训等活动，外语教学与国际接轨，同时大力支持学校国际化建设，每年派教师赴美国托莱多大学孔子学院援教，为学校和地方外事和国际合作提供翻译服务。自1980年与美国英语语言学会建立合作关系以来，该学会每年向学院输送十几名英语教师，保证了学生听说能力的培养。

截至2022年年底，W学院共招收学生249人，目前已经有9届223名毕业生，现有在校生126人。从历届录取情况来看，学院翻译硕士专业研究生生源结构合理，报考人数逐年增加，一本生源录取比例较大，生源质量较高（具体情况如表3-1所示）。

表3-1　W学院翻译硕士历年报考与招生情况表

年度	复试人数/人	录取人数/人	录取比例/%	生源结构					
				一本/人	比例/%	二本/人	比例/%	三本/人	比例/%
2011	32	12	38	5	42	3	25	4	33
2012	11	13	118	9	69	4	31	0	0
2013	32	17	53	7	41	8	47	2	12
2014	29	22	76	10	45	7	32	5	23
2015	24	24	100	7	29	12	50	5	21
2016	21	19	90	8	42	8	42	3	16
2017	81	39	48	17	43	19	49	3	8
2018	46	38	83	11	29	19	50	8	21
2019	45	39	87	15	38	21	54	3	8
2020	47	35	74	13	38	19	56	3	9
2021	47	34	72	10	29	22	65	2	5
2022	66	57	86	44	77	13	23	0	0

3.2 翻译硕士办学理念解析

3.2.1 对专业学位教育的认识

W 学院 2011 年开始招收翻译硕士(MTI)研究生,目前已走过了 12 年的办学历程,结合翻译硕士教育规律和实践教学经验,学院翻译硕士(英语笔译、日语笔译)办学理念逐渐成熟,即以服务社会和区域经济需求为导向,结合本校理工等优势学科背景,突出翻译实践教学环节,培养宽口径、职业化、高素养、实用复合型的专业翻译人才。

翻译硕士专业学位的设置是我国研究生教育体制改革的组成部分,高层次、专业化翻译人才培养是我国政治、经济、社会发展和深化改革开放的需求。W 学院是第三批获批翻译硕士专业学位授予权的院校,也是河北省第一批获批翻译硕士学位授予权的四所翻译硕士培养院校之一。自设立翻译硕士专业学位点以来,Y 学校成立了以校主管领导和研究生院领导牵头、W 学院院长直接负责的组织机构。学院设有 MTI 教育中心,学院主管研究生与科研副院长主抓教学,设专职教学秘书。

翻译硕士专业学位教育与传统学术型研究生教育相比,在培养目标、内容和方法等方面更突出强调实践能力和行业综合素质的培养,针对培养目标的差异,Y 学校研究生院和 W 学院出台了关于翻译硕士研究生培养、学籍管理、导师遴选、实践基地建设、毕业论文写作规范、翻译硕士专业学位研究生管理办法、实践管理规定、校外导师评聘办法、翻译实践管理规定、翻译实践报告和毕业论文撰写要求与规范等文件,充分重视培养目标的过程管理,严把质量关。

根据 MTI 教指委和学校的相关要求,W 学院制订的培养方案在培养目标、内容和过程等方面与学术型研究生培养有明显区别。培养目标符合学校实际情况和社会需求,培养方案和课程设置坚持以培养学生翻译实践能力为核心,同时注重理论与实践的关系和学生各方面素质的培养。培养过程实行双导师制,课堂教学以讲授、讲座、小组讨论、工作坊等多种形式进行；在实践教学环节，学院在企业、公司建立多个校外翻译实践基地，同时利用本校资源建立了模块化校内实践基地，为学生提供了较好的翻译实践平台。

3.2.2　办学特色

W 学院翻译硕士培养体系突显地域特色，借力校本资源，结合地方和学校需求，分模块培养学生跨专业综合职业素养和实践能力，兼顾翻译理念的提升。具体体现如下。

第一，发挥地域优势，依托环渤海经济圈和京津冀一体化发展环境，近三年学生在翻译实习和实践中为企业和科研单位翻译专利、合同、旅游开发、技术合作等资料 1 000 多万字，适应了区域发展对翻译工作的需求。

第二，利用本校工程技术等强势学科科研和国际交流平台建设校内实习实践基地，培养学生跨学科翻译能力。例如：2012 至 2014 年学生翻译了机械、材料、电信、管理、计算语言学等领域文章 1 000 余篇，超 900 万字，为国际合作处翻译学生交流和国际合作办学资料 60 多万字，为学校等主办的国际会议提供翻译 40 多人次，服务了学校科研和国际交流工作。

第三，实施模块化实践教学，根据学校和周边企业对翻译工作的需求，实践教学分为社会应用类、文学艺术和学术类、英文编辑和审校三个大模块，因材施教，把社会企业、工程技术、旅游、政法、语言学、文学、文化及实用编辑等领域的知识融入翻译实践中。

第四，举办系列讲座，让学生接触不同学科领域的前沿知识信息和翻译知识，学生翻译实践报告和毕业论文涉猎不同领域的翻译，但都有理论的支撑或理念的体验。

3.3　培养方案的制订与修订

3.3.1　培养方案总体概论

　　W 学院的翻译硕士培养方案是根据全国翻译硕士(MTI) 教学指导委员会发布的翻译硕士指导性培养方案来制订的。翻译硕士专业学位培养计划详细，培养目标及定位明确，对培养方式、课程结构、学时、学分和实践教学的要求清晰、具体，对毕业论文和课题的要求符合翻译硕士专业学位研究生培养的规律，能很好地体现翻译硕士专业学位教育的特点。培养计划分为学位课、非学位课、实践教学和必修环节 4 个部分。学位课注重翻译基础理论学习和专业技能培养，除公共课程和基础课外，主要开设翻译理论与实践、高级笔译、基础口译、中外翻译简史等课程；非学位课注重拓展翻译实践应用，同时注重语言学、文学、文化、人工智能等与翻译教学的结合，开设传媒翻译、计算机辅助翻译、企业翻译实践、新闻报刊翻译、社会语言学、语料库翻译学概论、工程翻译等课程；实践教学采取校外与校内模块相结合的方式进行，校内模块布置翻译任务，导师和指导教师组成团队负责验收。为配合校内模块化翻译实践，学院安排了相关学科如工程技术等领域的系列讲座，把不同学科知识融入翻译实践中。在校外模块，校外基地负责安排具体任务，出具学生实践评估意见，学院指派专人组织协调，实践结束后学生所属系室管理教师依据学生表现对其实践效果进行打分。必修环节通过请专家举办系列讲座和开设课程的方式进行，每年进行校内讲座 20 余次，校外专家讲座 3~5 次，拓宽学生视野，拓宽学生跨专业知识，提高学生的综合素养，提升学生的翻译理念。结合培养计划，每门课程均配有教学大纲，大纲对课程的培养目标、教学计划、授课内容、授课方式、结课形式、选用教材等方面都有详细规定。任课教师采取多种方式开展教学活动，不照本宣科，充分重视学生实践环节，注重过程培养，切实体现培养学生综合应用能力的目标。W 学院的翻译硕士的培养计划和教学大纲每3年修订一次，对课程设置、培养过程、环节等及时进行补充与完善，以保证培养计划的科学性与前瞻性。

3.3.2 培养方案解析

3.3.2.1 培养目标

与注重理论基础的学术型研究生相比，翻译硕士研究生的培养更加注重市场导向。W学院结合院校特征，注重培养学生的实践能力、解决工作中突发问题的能力，使得学生毕业后可以承担与翻译有关的管理及相关技术工作，成为有独立、创新意识和合格职业素质的，符合社会需要的应用型人才。具体来说，要求学生具有扎实的双语基本功和实际翻译场景的临场应变能力，了解法律、金融、国际贸易、翻译、文化和文学等相关专业知识，熟悉掌握翻译领域关键核心技术、翻译产业化时代翻译产业链的运作方式，以及相关职业和技术规范，能胜任企业、组织、外事机构、学校等部门的翻译工作。最终成为符合市场和经济文化建设需要的、高水平和专业性的翻译人才。

3.3.2.2 培养方式

W学院的全日制翻译硕士专业学位研究生采用课程学习、实践教学和学位论文相结合的培养方式。学生在完成一年的课程学习后，就进入了实践教学环节。实践教学遵循"集中与分段相结合""校内与校外相结合""实践与论文相结合"的原则。学院根据培养目标，利用市场和社会资源，建立可以保障学生开展实践教学的校内外实践基地。学生在为期一年的实践环节中半年进行校内实践，半年进行校外实践。同时在学生的整个培养过程中遵循导师负责制的原则。与学术型硕士不同，翻译硕士实行双导师制，校内导师作为研究生培养的第一责任人，负责研究生的全面指导工作；校外导师负责指导研究生的实践教学环节，为所指导的研究生创造条件进行与学位论文相关的实践活动，协助指导研究生完成学位论文。

翻译硕士的教学实行过程化、开放式、弹性化的管理模式。教学管理从目标管理转变为过程管理，学生实行学业量化管理，在时限内完成规定的字数或时数的操练。指导教师监督学生的操练过程，因材施教，及时发现问题，调整教学方式。

3.3.2.3　课程设置与实践教学

在课程设置环节，W 学院根据翻译硕士的培养目标和培养方式以及翻译硕士教学指导委员会发布的翻译硕士(MTI)指导性培养方案的课程设置规定，结合学院学科定位和师资结构制订培养课程体系。总体来说，翻译硕士的课程类别分为学位课、非学位课和其他培养环节。学位课又分为公共学位课和专业学位课；非学位课分为专业技术课和公共选修课；其他培养环节包括一些公共必修课、选修课还有实践环节。W 学院要求所有学位课的考核方式须为考试，非学位课可以自选多种适合课程性质的考核方式。实践环节的考核方式较为复杂，涉及单位考核、实践指导教师考核和答辩环节，会在后续的章节里做详细介绍，在这里就不赘述了。目前 W 学院现行的翻译硕士课程基本情况如表 3-2 所示。

表 3-2　课程设置

专业	课程类别	课程门数/门	总课时/课时	总学分/分	考核方式
英语笔译	公共学位课	2	84	5	考试
	专业学位课	9	224	14	考试
	专业技术课	18	368	23	考试或考查
	公共选修课	3	54	3	考试或考查
	其他培养环节	9	36	10	考查
日语笔译	公共学位课	2	84	5	考试
	专业学位课	7	144	9	考试
	专业技术课	13	336	21	考试或考查
	公共选修课	3	54	3	考试或考查
	其他培养环节	8	84	13	考查

学生在完成一年的课程学习后就会进入实践教学环节。翻译硕士的实践教学以过程教学作为核心教育理念，贯穿教学全过程，要求学生至少完成 15 万字的翻译实践且考核通过方具备申请毕业学位论文答辩的资格。同时，为进一步培养学生的实际翻译能力和临场应变能力，在实践教学过程中还特地设定第三、四学期为翻译实践，该实践属于必修课。按照 W 学院及实践基地具体情况派遣学生进入校内或校外实践环节，校内和校外实践均为集中实践，且实践时间均不少于 6 个月。学生在完成校内实践和校外实践后需要按照相应的时间节点上交相关考核材料，并通过考核才算完成实践环节。

3.3.2.4 学位论文

学位论文是 W 学院翻译硕士研究生在校培养的最后一个重要环节，是培养专业学位研究生科研素质和创新实践能力的主要途径。翻译硕士研究生的论文应该在导师的指导下学生自主完成，并且可以反映其学术成果。换句话说，学位论文是其在校期间培养成效的全面总结。为了保障学位论文的质量，学院设置开题环节、中期检查环节、预答辩环节和答辩环节，共同保障学位论文的质量。

按照国家有关要求，全日制翻译硕士专业学位研究生学位论文选题应直接来源于生产实际或具有明确的行业背景，其研究成果要有实际应用价值，拟解决的问题要有一定的技术难度和工作量。关于学位论文形式，W 学院根据翻译硕士教指委指导性培养方案的要求，结合自己院校实际，规定学生可以选择下列四种形式之一。

调研报告：学生在导师指导下就翻译行业有关的某一话题进行调研，并就调研结果进行分析，写出不少于 1.5 万字的调研报告。

实验报告：学生在导师指导下就笔译的某个环节展开实验，并就结果进行分析，写出不少于 1.5 万字的实验报告。

项目翻译实践报告：学生在导师指导下对中、外文进行翻译，字数不少于 1 万字，同时需要撰写不少于 5 000 字的研究报告。

学术论文：学生在导师指导下就翻译领域的某一学术问题进行研究，并撰写不少于 2 万字的学术论文。

在学生的学位论文环节中，最重要的就是论文评审和答辩环节。在论文评审环节，Y 学校规定，所有申请硕士学位的学生，首先要进行论文查重，如重复率超过 30%，则不同意本次学位论文申请。通过查重后，学生需隐去论文中的个人及导师信息，由研究生院随机抽取不低于20% 的论文参加教育部的盲审，剩下的论文由 W 学院随机安排专家进行匿名评审。参加论文评审的所有专家根据硕士学位论文要求对论文是否达到硕士学位水平进行认真、细致的评阅，写出客观、详细的学术评语，并打分，供答辩委员会参考。论文评审分数低于 60 分将不允许参加本次答辩。如学生顺利进入后续的正式答辩环节，W 学院会根据学校要求成立答辩委员会，答辩委员会成员中至少有一名来自相关行业实践领域具有高级专业技术职务的专家参与评审。答辩委员会根据答辩的情况，就是否"通过硕士学位论文答辩，建议授予硕士学位"做出决议。学生若未通过学位论文答辩，经全体委员 1/2 以上同意，可做出"重新申请答辩"的决议。通过以上环节全面总结翻译硕士研究生的学术成果，并保障其毕业论文质量。

3.4 校内导师和校外导师的双向选择与考核

3.4.1 整体概况

上一节全面介绍了 W 学院现行的翻译硕士研究生培养方案与相关培养流程，那么这一节介绍一下其翻译硕士校内导师和校外导师的双向选择与考核。根据 Y 学校研究生院的管理要求，翻译硕士实行双导师制，即校内导师是传统意义上的硕士生导师，校外导师是相关行业的专家，校内导师主要负责指导研究生论文选题及论文写作过程，校外导师主要负责指导研究生校外实践及与校内导师共同指导研究生论文选题及写作过程。为了保障研究生培养过程的连贯性并确保研究生培养方向与导师的研究方向一致，W 学院在每届研究生入学之初，就先开展研究生与导师的选择工作。研究生与导师进行双向选择，选定导师后，在导师的指导下进行个人培养计划的制订，这样就从入学环节开始，奠定了研究生的培养方向，便于后续论文的选题及相关培养工作的开展。在导师管理方面，W 学院积极贯彻学校的人才培养文件精神，每年对当年拟招生的硕士生导师进行上岗考核，积极吸收有科研能力的年轻老师加入硕士生导师队伍。并且每年对研究生指导教师进行培训，明确导师在学科建设、科研任务、教学任务以及对研究生的学术指导和思想政治工作方面的职责。目前学科有硕士生导师 25 人，研究方向涵盖文学、语言学、翻译、跨文化等，大部分导师均有出国留学经历，部分导师为学科研究所负责人。其硕士生导师基本情况如表 3-3、3-4 所示。

表 3-3　W 学院校内导师基本信息

专业技术职务	人数合计/人	35 岁及以下/人	36 至45 岁/人	46 至55 岁/人	56 岁及以上/人	有海外留学经历/人	博士学位教师/人	硕士学位教师/人
正高级	13	0	0	10	3	12	3	9
副高级	12	1	9	2	0	4	5	4
中级	0	0	0	0	0	0	0	0
其他	0	0	0	0	0	0	0	0
总计	25	1	9	12	3	16	8	13

表 3-4　W 学院校外导师基本信息

专业技术职务	人数合计/人	35 岁及以下/人	36 至45 岁/人	46 至55 岁/人	56 岁及以上/人	博士学位教师/人	硕士学位教师/人
正高级	6	1	1	0	4	2	2
副高级	0	0	0	0	0	0	0
中　级	4	2	0	1	1	0	4
其　他	6	2	1	2	1	0	1
总　计	16	5	2	3	6	2	7

3.4.2　硕士研究生与指导教师互选程序

为了保障研究生的培养质量，确保研究生的研究方向与所选硕士生指导教师的培养方向一致，W 学院会把指导教师名单、研究方向、科研课题等信息在网上公布，让录取的学生对导师的基本情况提前有所了解。在研究生入学报到后，W 学院会组织各学科进行学科介绍、师生见面会，见面会上当年参与研究生招生的老师会与本届学生见面，详细地分享自己的研究方向与招生要求，这样有利于学生在后续的双选环节中更有针对性地选择导师。会后学生提交自己的双选意向表到学院系部，系部汇总后开会商讨双选分配情况，并将双选结果向学生公布，学生与自己导师取得联系并制订个人培养计划，至此，完成师生双选流程。

近年来，受就业市场形势等因素影响，考研热度逐年攀升，尤其是翻译硕士研究生，受其实用性、专业限制相对宽松、复习书目少且相对容易等特点，报考数量及录取数量逐年增加，这就对翻译硕士研究生指导教师提出了严峻的考验。一个硕士研究生导师一年究竟可以带多少研究生？这是一个值得思考并需要在学院甚至学校层面做出书面规定的问题。按 W 学院现行政策来说，就校内导师而言，对尚未有毕业生的硕士研究生指导教师，每届招收指导各类全日制硕士研究生的人数原则上不超过 2 人；对已有毕业生的硕士研究生指导教师，每届招收指导全日制硕士研究生的人数原则上不超过 5 人。就校外导师而言，每位导师每届招收指导的研究生数量不能超过 4 人。

近几年，退休的教师越来越多，硕士生导师队伍正在进行更新换代，大量年轻的、有高学历、高职称和大量科研资源的老师逐渐加入硕士生指导教师的队伍中来。一个导师究竟能带多少个研究生既与导师的水平、能力、投入等因素有关，还取决于研究生的基础和能力、对科学研究的激情和斗志、毕业时的期望或目标等。但是 Y 学校对硕士生导师招生数量上限一直把控严格，究其原因，笔者总结了以下几点。

　　首先，导师同时所带学生越多，两者的有效科研时间越少，不利于需要足够多的时间来保证的科研创新。不同于本科阶段"批量生产"的教育，研究生的学习过程不仅是简单的受教育的过程，更是培养学生科研能力、培育学生科研潜力的过程，它是一种一对一的教育，研究生从门外汉到具备一定的科研能力，这个过程要消耗导师很大部分的时间和精力，如果一个老师同时带了太多的学生，不仅导师没时间做科研，学生的有效科研时间也将大打折扣。从这个方面来说，导师同时所带的学生过多，不利于科研创新。

　　其次，导师同时所带学生越多，学生论文选题的平均创新水平就越低。学生的毕业论文是对其在学成果的全面总结，因此是至关重要的。从某种程度上来说，选题水平决定成果大小。导师所带学生过多，虽然理论上导师和学生都可以针对毕业论文的研究领域提出选题，但是选题的提出和确定是需要眼界的。学生受限于科研能力、水平和知识的局限性，很难抓住学科领域全局性的关键和重要问题。纵观国内外的研究生培养，重要的创新选题大多都是由导师提出的。随着专业学位的扩招，翻译硕士的培养规模逐年扩大，学生过多，生源质量又参差不齐，导师有时还迫不得已要为那些能力和水平差一些的学生量体裁衣，选择低水平重复性或改良型的题目，从这个意义上说，导师同时所带的学生过多，也不利于学术境界和创新能力的培养。

　　再次，导师同时所带学生越多，越不利于环境创新和科研建设。科学研究，特别是基础性研究，并不是人多力量大的活儿。相反，人太多，容易产生内耗、消极怠工等不良现象，影响科研建设。一个良好的科研团队应该是由一批志同道合，对相似研究方向有共同兴趣和探索精神的人构成的。受就业压力等社会大环境影响，一些学生考取翻译硕士的动机不纯，他们大多无心科研，只是为了追求硕士文凭。从这个层面上来说，导师同时所带学生越多，科研动力不足的学生出现的概率越高，这会在一定程度上影响团队的整体学习科研氛围。综上所述，从环境创新和科研建设的角度来说，一个硕士生导师的招生数量需要设限。

3.4.3　硕士研究生指导教师遴选及考核要求

梳理完 W 学院硕士生导师招生数量要求后，本节要讨论的是其硕士生导师的遴选和考核要求。硕士生导师的遴选和考核是至关重要的，一个是领进门的门槛问题，一个是进门之后的科研深度和广度问题，二者缺一不可，导师的科研能力将直接影响硕士研究生的科研成果和科研水平，甚至是能为社会培养出什么样的人才的问题，所以不容小觑。W 学院为加强硕士研究生指导教师队伍建设，充分发挥指导教师在硕士研究生培养中第一责任人的作用，依据学院硕士研究生教育定位和导师队伍的现状及发展规划，制订了严格的选拔程序，对硕士导师进行了遴选和考核。

翻译硕士研究生导师的工作职责是培养符合市场和社会需求的、有综合竞争力的、高水平的应用型翻译人才。不同于学术型硕士，翻译硕士同时配备有校内导师和校外导师，两者均采取评聘制。校内导师作为硕士研究生培养的第一责任人，负责硕士研究生的全面指导工作；校外导师负责指导硕士研究生的实践环节，为所指导的硕士研究生创造条件进行学位论文的实践活动，并协助校内导师指导硕士研究生完成学位论文。

近年来，随着 W 学院老一代硕士研究生导师的相继退休及专业型硕士研究生的扩招，导师队伍亟须扩充。W 学院的专任教师队伍结构合理，尤其近年来引进了大批量的博士，其科研潜力巨大，也有培养指导专业型研究生的热情，学院也在对硕士研究生导师的遴选条件进行动态调整，以更加适应学院和专业型研究生的培养要求。

3.4.3.1　遴选条件及要求

为保障翻译硕士研究生的培养质量，确保聘任的导师符合翻译硕士的培养要求，同时充分发挥校内导师和校外导师的指导作用，W 学院根据学校的指导性文件，对两类不同导师的遴选要求做了详细规定，具体内容如下。

校内导师需要是从事教学工作的专任教师，有副高以上职称或者博士学位。同时在近三年要有科研到款，主持省部级以上科研项目且在高水平论文发表或著作撰写方面有所建树。

校外导师需要的是从事翻译工作及相关翻译服务领域工作的在职人员，有翻译服务行业的副高级及以上职称或相当水平的岗位职务。从事本领域工作3年以上，具有硕士及以上学位和一定科研及解决实际问题的能力。

从以上遴选条件可以看出，针对翻译硕士的培养目标，W学院从导师聘任上就十分注重其科研能力和相关领域的工作经验与专业技能。所选聘的导师都是科研或翻译行业的精英。不仅注重其已有的科研成果，同时也关注其后续的科研潜力，为培养高质量翻译硕士研究生奠定了基础。

3.4.3.2 遴选及上岗程序

导师遴选是保障研究生导师队伍活力的关键，是提升硕士生导师队伍水平的题中之意，是保障和提高研究生培养质量的决定因素，也是改善学院整体科研能力、科研水平的必要环节。一个好的硕士生导师队伍应该经常更新换代，吸收有高水平科研能力的老师进入，不断增添活力，这样才能带领学院走向更好的未来，培养一代又一代合格的、符合社会需要的硕士研究生。

为了保障硕士生指导教师队伍的更新换代且确保本年度的招生双选工作可以顺利进行，W学院一般在每年的5月份左右开展硕士生导师的遴选工作。欲申请新增为本年度硕士生导师的老师填写相关表格，经学院基层管理部门初审并整理后报学院学术委员会审核，审核通过的遴选材料以正式文件的形式报研究生院备案。新增遴选的校内导师，须参加学校组织的岗前培训，通过考核后才可招收硕士研究生。

3.4.3.3 考核

介绍完了翻译硕士研究生导师的遴选，下面我们来看一下W学院已当选的硕士生导师的考核工作。导师的考核工作是导师管理的重要环节，是合理使用和晋升导师的依据，也是科学地安排和管理导师工作的基础。定期的考核有利于导师潜能的开发、积极性的调动，可以帮助导师客观地认识和衡量自我、完善自我、总结经验、改进工作、不断提高教育质量。同时，考核工作还可以促进导师之间相互学习与交流，推广教学经验，增加教学功效。

W 学院的硕士生导师考核大概在每年 5 月份进行，与该学院的招生资格审核合并。当年欲招收研究生的导师需提前提交考核材料，考核材料包括其履职情况、研究生培养质量、研究生教学情况、科研情况、各类获奖情况等。考核材料经学院基层管理部门初审并整理后报学院学术委员会。学院学术委员会针对硕士生导师上岗考核会召开专门会议，会议对提交申请的导师做出是否同意其上岗的决议。决议公示后，以正式文件的形式报研究生院备案公布。通过考核者，当年可招收硕士研究生。

为了鼓励硕士生和导师积极申报优秀硕士论文，W 学院在对硕士生导师进行考核时，规定对指导的硕士研究生学位论文获校级及以上优秀硕士学位论文的校内导师，获评后下一年度可免于考核。

同时，遵循上级主管部门的要求，W 学院坚决杜绝硕士生导师出现学术不端和违反教师职业道德的行为。对出现上述行为者，不得参加硕士研究生指导教师遴选；对已聘任硕士研究生指导教师者，将视情况给予减免招生、暂停招生直至取消导师资格等处理措施，采取各种措施保障硕士研究生的培养质量。

3.5　翻译硕士校内外实践的安排与考核

3.5.1　实践教学总体概况

W 学院翻译硕士研究生的专业实践以过程教学作为核心教育理念。每位研究生的实践时间不少于 12 个月，期间要求完成 15 万字以上的翻译实践任务，且经考核合格后方具备申请毕业学位论文答辩的资格。

为了保障实践教学质量，专业实践采用双导师负责制。校内导师负责制订与实施校内实践教学计划，通过学生在例会中的实践汇报了解、记录实践情况。校外导师负责校外实践环节，通过公司开发的在线翻译平台进行翻译项目的派发与译稿质检并给予反馈，切实提高学生的翻译实践能力。

校内实践的主要内容为本地化工工程项目的模拟和仿真实践，以真实的语言服务项目为基础，锻炼学生对翻译工具、现代化信息工具的使用能力和翻译项目的管理实施能力；校外实践主要以实践基地（以大型翻译公司为主）提供的真实语言服务项目为基础，以团队协作的方式深入语言服务工作环境，了解真实翻译项目的部门分工和运作流程，参与到项目的翻译过程中，并在校外导师和实践指导教师的帮助下完成翻译任务，最终达到提高学生组织协调和项目管理层面能力的培养目标。

完成实践环节后，W学院会牵头组成实践验收答辩委员会，对学生的实践成果进行考核，保证实践环节的切实有效。实践考核由校内、校外导师依据双方共同制订的细则对学生的实践表现和成绩进行综合评估，给出实践鉴定和评价。

总体来说，W学院的翻译硕士研究生在校期间取得了较为丰硕的成果，提升了翻译技能，开阔了眼界。研究生在完成自身翻译实践任务的同时，还为周边地区企业和科研单位翻译专利、合同、旅游开发、技术合作等资料，为Y学校翻译机械、材料、电信、计算语言学等专业投稿文章，获得了公司企业和学校教师的良好评价和丰富的实践经验。在此基础上，研究生们积极投身科研事业，在各类杂志上发表文章，研究学术前沿课题，为行业发展建言献策。在社会实践方面，学生们积极参加学院和学校组织的各项比赛，取得了丰硕的比赛成果，锻炼了学生自己，也为其将来走上社会打下了坚实的基础。

在研究生培养基地建设方面，W学院设立校内实践基地和校外实践基地，与学院有过合作的校外实践基地数达到 13 个，领域涵盖广（如表 3-5 所示）。

表 3-5　合作过的实践基地信息

序号	实践基地名称	地点	基地及专业实践内容简介
1	中译语通科技（北京）有限公司联合实训基地	北京	中译语通科技（北京）有限公司作为中国出版集团旗下的品牌企业，是一家国有企业。该实践基地自成立以来一直与学院保持着密切的合作关系，学院翻译硕士研究生实践期间翻译了大量文本，涉及领域广、翻译质量高，得到了实践基地的一致好评。
2	传神语联网网络科技股份有限公司联合实训基地	北京	传神语联网网络科技股份有限公司是国家高新技术企业，自主研发了国内唯一、国际领先的语言服务体系，该基地自成立以来，为学院翻译硕士研究生提供了大量的翻译文本，领域涵盖工程、金融。不仅锻炼了学生的翻译水平，还提升了其翻译应变能力。
3	方圆包装玻璃燕山大学实践基地	秦皇岛	该实践基地建设本着校地合作的原则，充分发挥生产型企业在翻译人才培养方面重实践、强应用的特点，在工业生产和产品销售工作中开展任务式实践教学，为学生在工业生产、技术开发、国际商务领域提供实践机会。在翻译能力产出方面，学生的综合翻译能力得到了用人单位的普遍认可。
4	Y 大学蔚蓝人才培养基地	北京	北京蔚蓝留学咨询有限公司是一家留学培训机构，二十年来，蔚蓝秉承"寻找蔚蓝，止于至善"的理念不断成长、壮大。该实践基地自成立以来一直与学院保持着密切的合作关系，为日语笔译研究生提供翻译材料，锻炼了学生的翻译实践能力。

续表

序号	实践基地名称	地点	基地及专业实践内容简介
5	Y大学中国石油天然气股份有限公司秦皇岛销售分公司研究生校外实践基地	秦皇岛	中国石油天然气股份有限公司秦皇岛销售分公司是一家综合性油品销售企业。该实践基地可以为翻译硕士研究生提供企业国际合作项目翻译材料及企业社会服务活动类翻译材料。目前学院研究生在该实践基地实践表现良好，锻炼了自己的翻译水平。
6	Y大学秦皇岛新开工艺品有限公司研究生校外实践基地	秦皇岛	秦皇岛新开工艺品有限公司是一家以生产销售工艺品为主的企业。该实践基地自成立以来，为学院翻译硕士研究生提供了大量关于工艺品产品及制作流程介绍的翻译文本，拓宽了学生的翻译领域，提升了学生的翻译技能。
7	Y大学秦皇岛市鸿洋旅行社研究生校外实践基地	秦皇岛	秦皇岛市鸿洋旅行社是一家旅行机构。该实践基地成立以来，为研究生提供了大量有关景点介绍、行程介绍以及旅行合同方面的翻译文本，为学院翻译硕士研究生锻炼提供了场地及翻译材料，奠定了其他翻译基地建立的基础。
8	Y大学秦皇岛海燕国际旅行社研究生校外实践基地	秦皇岛	秦皇岛海燕国际旅行社是秦皇岛本市一家大型旅行社，成立时间早，公司运行成熟。该实践基地成立以来，为学院首批翻译硕士研究生提供了与旅行相关的翻译材料，拓宽了学生的翻译视野，提升了学生的翻译水平。

序号	实践基地名称	地点	基地及专业实践内容简介
9	Y 大学河北省东方国际旅行社有限责任公司秦皇岛分社研究生校外实践基地	秦皇岛	河北省东方国际旅行社有限责任公司秦皇岛分社是一家大型旅游机构，公司机制成熟，规模大。该实践基地成立以来，为学院首批翻译硕士研究生提供了校外实践的资源，学生翻译产出水平高，数量大，得到了该实践基地的好评。
10	Y 大学秦皇岛恩波碧轴承有限公司研究生校外实践基地	秦皇岛	秦皇岛恩波碧轴承有限公司是一家以生产和出口轴承为主的企业。该实践基地自成立以来，为学院翻译硕士研究生提供了大量关于轴承生产、销售方面的翻译材料。这方面翻译材料难度高，并且有固定的翻译模板，对学生来说是一个新的挑战。学院翻译硕士研究生高水平地完成了此类翻译任务，得到了实践基地的认可。
11	北京演绎科技有限公司联合实训基地	北京	北京演绎科技有限公司是一家专注于内容生产的创业公司，致力于成为中国市场新兴科技领域内容和产品服务提供商。该实践基地成立以来，学院翻译硕士研究生完成了大量的科技领域的翻译任务，得到了该实践基地的认可。
12	上海译国译民翻译服务有限公司	上海	上海译国译民集团以跨语言能力为核心，下设译国译民翻译以及译国译民教育两大子品牌，构建信息转化、知识转移、文化传播以及在线教育等业务体系。学院翻译硕士研究生高水平地完成了此类翻译任务，得到了实践基地的认可。

续表

序号	实践基地名称	地点	基地及专业实践内容简介
13	秦皇岛港口博物馆河北港口集团	秦皇岛	秦皇岛港口博物馆是河北港口集团建设的公益性文化项目，博物馆馆藏大量开滦时期日文、英文档案资料，可以为学员提供丰富的实践机会。

3.5.2　实践教学的目的和内容

W 学院的实践教学紧贴翻译硕士学位设立的目标，通过实践使学生进一步理解与巩固理论知识，开发学生智能，培养学生分析解决实际问题的能力。使研究生在实践过程中运用所学的翻译理论、方法和技巧，通过承担具体翻译任务或项目，在实践中熟悉翻译流程的各个环节，进一步提高外语和汉语两种语言的运用能力，提高跨文化交际能力，拓宽知识面，为以后在企业、对外贸易、外事和国际交流等部门从事翻译工作奠定坚实的基础。

W 学院的翻译硕士的实践教学内容与翻译公司的项目任务直接挂钩，学生在实践过程中接触的与翻译有关的工作种类繁多，具体来说，主要从事与翻译职业相关的对外接待与联络、项目洽谈、合同书与企业实务翻译和会议翻译等活动，同时了解并熟悉翻译实务中的审校、翻译流程及翻译市场等内容。学生在实践结束后，需要提交不少于 15 万字的翻译稿件(近年来由于学生翻译的稿件都有保密要求，因此翻译公司会为学生出具实践字数证明)，除此之外还需提交实践报告、考核表等相关材料至学院基层管理部门。

W 学院的翻译硕士实践虽然也是根据翻译硕士教指委指导性培养方案安排的必修环节，但是学生所进行的实践并不仅仅是为了完成任务。学生在进入实践单位前需要接受单位的测试，通过测试后的学生才有机会进入项目组。学生需要在公司项目团队的带领下，依照翻译材料的具体要求，按时保质保量地完成翻译任务。学生完成翻译任务后，公司项目组负责人会安排专人审稿，有问题及时反馈，学生再次修改稿件，直到达到项目要求的翻译级别。从这个角度来说，W 学院的翻译实践可以在很大程度上锻炼学生的翻译能力和水平，并且使学生在实际操练中摆正自己的位置，认识到翻译实践的意义。据了解，有一部分表现优异的学生在实践期间就收到了所在翻译公司的录用意向，毕业后直接入职于该翻译公司，从这个角度来看，W 学院的翻译硕士研究生的实践环节无论是从学生实战锻炼还是今后的就业来说，都是有深远意义的。

3.5.3　实践教学的考核与管理

翻译硕士实践教学是专业学位人才培养的重要组成部分，实践教学一方面注重培养学生的实践和创新能力，将所学理论应用于实践；另一方面注重培养学生的专业翻译能力。W 学院在培养环节中会适时改进教学环节和方法，调整教学内容以适应翻译硕士研究生的培养要求。实践教学的一个最重要的环节就是实践考核，实践考核可以全面了解翻译硕士研究生的实践过程，做出评价并提出建设性意见，以便改进实践环节。总体来说，W 学院实践环节的考核节点及成绩权重分布如表 3-6 所示。

表 3-6　W 学院实践环节考核节点及成绩权重分布

序号	时间节点	提交字数	评定人	成绩占比
1	第一学期末	至少 2 万字	校内导师	10%
2	第二学期末	至少 3 万字	校内导师	10%
3	第三学期末	至少 5 万字	校外导师、实践指导教师、系主任、答辩委员会	40%
4	第四学期末	至少 5 万字	实践指导教师、系主任、答辩委员会	40%

注：各项成绩总和达到 70 分(总分为 100 分)以上方具有申请毕业学位论文答辩资格

由上表可见，在 W 学院的实践考核中，最重要的环节就是校内实践考核和校外实践考核环节。不仅成绩占比大，考核程序复杂，参与考核人员的涵盖面也是最广的。校内导师、校外导师、实践指导教师以及答辩委员会成员从各个角度和层面上对学生的实践成果进行考核，对学生的实践效果做出评判，对今后实践教学需要改进之处提出意见和建议。根据学生实践教学流程和翻译任务分配情况来制订的实践考核环节可以保证学生考核结果的全面性、正确性以及评价的客观性。由此看来，W 学院对学生实践考核环节是十分重视的。

W 学院的实践教学管理在其翻译硕士实践教学中同样也发挥着重要作用。首先，实践教学管理可以规范实践的各个环节，使得各项规定可以切实实行，学生的实践考核材料有固定的接收机构，使得实践得以顺利开展；其次，成立以院领导为核心的管理机构，实时了解学生的实践过程，实践中遇到的问题可以及时协调相关部门解决；最后，由统一的机构集中管理，更利于改进实践教学方法，以更适应专业学位的发展，培养出更符合国家和社会需要的人才。

具体来说，在 W 学院的实践教学过程中，各专业负责人和学院领导承担和实践基地联系和各部门沟通的工作，负责规划学生的实践过程并完成考核。学院的基层行政部门负责收集整理学生提交的实践考核表格、翻译稿件及实践报告。

在实践过程中，学生需要严格遵守 Y 学校和 W 学院有关实践的管理规定，同时遵守实践单位规章制度和行业规范，按要求完成专业实践任务并及时上交相关材料。实践期间学生需每周将实践情况汇报给相应的指导教师，及时沟通。指导教师定期了解学生在实践单位的工作及学习状况，及时解决存在的问题。W 学院主管部门还将不定期到学生实践单位抽查学生的实践情况，从管理流程上确保学生的实践质量。

3.6 翻译硕士毕业论文的选题与写作框架构建

在完成实践教学后，W 学院翻译硕士研究生要进行的就是学位论文写作。学位论文写作是翻译硕士学位教育的重要组成部分，完成论文写作并通过学位答辩是获取本专业学位的必要条件之一。通过学位论文可以全面检验翻译硕士在学三年的成效，了解其实践取得的成果，并发现其在实践过程中的问题，在后续研究生培养环节中予以改进。完成翻译硕士学位论文需经过选题、撰写与修改、送审和答辩等流程。

3.6.1 学位论文选题要求

W 学院要求翻译硕士学位论文选题应突出实践性，鼓励学生从真实的笔译实践、语言服务实践，以及语言服务行业中寻找选题。论文选题不宜过大，应与翻译职业和行业的实际需要相结合，突出选题的实际意义和应用价值，鼓励学生走入社会，走入行业，在实践中搜集资料，进行调查，展开分析，并对翻译专业和行业的发展提出新的见解。

3.6.2 学位论文形式及要求

翻译硕士与学术型硕士不同，学术型硕士的毕业论文只有一种形式，翻译硕士由于其应用性的特征，学位论文形式可以更加灵活，根据不同的培养目标和论文撰写者的兴趣和特长以及翻译硕士教指委相关文件的要求，W 学院规定翻译硕士学位论文可采取以下四种形式之一（如表 3-7 所示）。

表 3-7 W 学院翻译硕士学位论文形式

序号	论文形式	选题内容要求	撰写结构要求	字数要求
1	调研报告	报告须就翻译政策、翻译产业和翻译现象等相关问题展开调研与分析。	包括任务描述(调研目的、调研对象、调研方式等)、任务过程(受试的选择、调研的组织、调研数据的收集)、调研结果分析以及调研的结论与建议等。	不少于1.5万字
2	项目翻译实践报告	报告选题须是某一领域内的专业性文本,有一定的翻译难度,翻译长度为10 000字以上。在文本选择上,要尽量选取以前未经翻译的文本。另外,文本必须是完整、独立的文本,或者与内容相关的一组文本。	包括翻译工作的全部或特定环节的总结与分析,比如翻译策略、译文风格及形成原因、翻译过程中遇到的具体问题及解决方案、翻译工具的使用等。	不少于0.5万字
3	实验报告	报告须就笔译的某个环节进行小规模的、观察描写性或实验性研究,并提供准确的实验数据和结果。	包括提出明确的研究目标,并较详尽地介绍相关文献和研究方法。对实验数据和结果做出合理分析,得出恰当的结论。	不少于1.5万字

续表

序号	论文形式	选题内容要求	撰写结构要求	字数要求
4	学术论文	论文须就翻译理论、翻译训练和翻译实践中的重要问题撰写研究论文。在选题上要体现行业特点，针对翻译过程中的具体问题，例如，翻译工具的使用、翻译管理、翻译市场、翻译行业、实践过程等进行分析，同时有实践及理论价值。研究结果可以对翻译学科的建设、翻译理论和实践的发展、翻译行业的管理、翻译技术的应用等方面有所贡献，有一定的实践价值和市场经济效益	与传统学术型论文撰写结构基本一致。	不少于2万字

　　W 学院自 2011 年开始招收翻译硕士研究生以来，已经有 9 届毕业生，根据目前统计的数据可知，绝大部分翻译硕士研究生的毕业论文选题源自翻译实践教学，这一方面体现了翻译硕士和学术型硕士在培养结果上的不同之处，另一方面也反映了学生在实践教学环节投入了大量精力，除了完成既定的实践教学任务外，也对自己的翻译过程进行了系统的、细致的研究分析，并基于成熟的理论对翻译材料提出了独到的见解，具体情况如表 3-8 所示。

表 3-8　W 学院历届翻译硕士研究生论文(举例)

入学年份	专业	毕业论文题目	论文形式
2011	英语笔译	《红楼梦》两英文本中的宝黛形象对比分析	学术论文
2011	英语笔译	目的论视角下的《喜羊羊与灰太狼》翻译报告	项目翻译实践报告
2012	英语笔译	文本类型理论指导下法律文本的汉英翻译报告	项目翻译实践报告
2012	日语笔译	关于日本新闻短评汉译过程中常见的语态转换的实践报告	项目翻译实践报告
2013	英语笔译	基于奈达的功能对等理论的《绿色读者》的翻译报告	项目翻译实践报告
2013	英语笔译	《印度时报》英语时政新闻汉译的翻译报告——意识形态操纵的视角	项目翻译实践报告
2014	英语笔译	目的论指导下数码产品介绍文本翻译——以联想数码产品介绍文本汉译英为例	项目翻译实践报告
2014	日语笔译	翻译阶段有关误译原因分析的实践报告——以新闻时事短评为中心	项目翻译实践报告
2015	英语笔译	基于功能对等理论的学术文本翻译实践报告：以《文化》翻译为例	项目翻译实践报告
2015	日语笔译	关于日语报刊短评翻译中名词翻译策略的实践报告——以"归化"和"异化"为中心	项目翻译实践报告
2016	英语笔译	目的论视角下《北大国情报告》(节选)翻译实践报告	项目翻译实践报告

入学年份	专业	毕业论文题目	论文形式
2016	日语笔译	关于林少华中文译本误译的实践报告——以夏目漱石的《心》译本为中心	项目翻译实践报告
2017	英语笔译	基于文本类型理论的军事纪实文学翻译报告——以《平民大兵》(节选)为例	项目翻译实践报告
2017	英语笔译	生态翻译学视角下《世态炎凉》(节选)翻译实践报告	项目翻译实践报告
2018	英语笔译	生态翻译学视角下的小说《就在你身后》(节选)汉译实践报告	项目翻译实践报告
2018	日语笔译	日语报刊短评翻译实践报告——以信息显性化为中心	项目翻译实践报告
2019	英语笔译	《为学生而存在》(节选)英译汉翻译实践报告——基于卡特福德翻译转换理论	项目翻译实践报告
2019	日语笔译	基于赖斯文本类型翻译理论的翻译实践报告——以日语短评为中心	项目翻译实践报告

根据上表展示的相关数据进行分析可知，W 学院翻译硕士的论文选题紧贴实践教学，在学院提供的四种论文形式中，学生偏重于使用项目翻译实践报告的形式进行写作。在翻译理论的使用上侧重于使用发展历程长、体系较为完整、构架较为清晰的理论。论文框架结构合理，行文流畅规范，对翻译文本有自己独到的见解，能全面反映在学期间的成果。

3.7 思政元素在翻译硕士培养过程中的应用

3.7.1 思政教育的重要性

思政教育是研究生教育的基础，是一门重要的德育教育。根据既定培养目标，W学院要培养的是德智体美劳全方位发展的，以社会主义核心价值观为引领，有正确的世界观、人生观和价值观，具有坚定理想信念，高尚的道德情操，良好的学术作风，强烈的社会责任感、创造精神、精湛的职业素养和开阔眼界的综合型人才。那么思想政治教育就显得尤为重要。做学问，先做人。读好书，先树立正确的人生观和价值观。一个人只有树立正确的人生观和价值观，才有可能在自己的岗位上发挥正确的导向作用。同时，加强思政教育也是提升当代青年爱国情怀，引领其走上正确发展道路的题中之义。

习近平总书记在学校思想政治理论课教师座谈会上强调，"我们办中国特色社会主义教育，就是要理直气壮开好思政课，用新时代中国特色社会主义思想铸魂育人"，"推动思想政治理论课改革创新，要不断增强思政课的思想性、理论性和亲和力、针对性"。习近平总书记在全国高校思政会议上提出，让"各类课程与思想政治理论同向同行，形成协同效应"。由此可见思政教育的重要性。

3.7.2 在翻译硕士的培养过程中融入思政教育

既然思政教育在翻译硕士的培养中起着相当重要的作用，那么在学生的培养过程中就要融入思政教育，这样才能更好地培养学生。响应国家号召，推进思政教育进课堂，融入翻译硕士的培养环节，W学院拟从以下几个方面进行改进，改善翻译硕士的培养流程。

3.7.2.1 培养过程与课程设置方面

在培养过程方面，W学院鼓励专业课教师在教学过程中融入思政元素，润物细无声地对学生进行爱国主义教育，帮助学生树立正确的人生观和价值观。在此基础上，面向研究生教育树立一批课程思政示范项目、教学名师和教学团队项目，全面推进各学科的课程思政建设理论研究和教学实践，探索创新课程思政建设方法途径，构建全面覆盖、多层次、类型多样、互为支撑的思政课程体系。这里的课程体系还要准确把握"坚定学生理想信念，教育学生爱党、爱国、爱社会主义、爱人民、爱集体"的主线，结合所在学科专业、所属课程类型的育人要求和教学特点，深入研究课程教学设计中的思政元素，不断优化课程结构。课程以培养高层次创新人才为核心，挖掘科研思政元素，突出科研育人。鼓励老师们以自身的授课课程为基础，申报此类项目，申报成功后以项目为依托，将思政教育融入课堂教学和研究生培养的过程中。

在课程设置方面，W 学院严格按照翻译硕士培养目标来设置课程，增加学硕与翻硕在课程设置方面的区分度，突出翻译硕士的培养目标，根据院校特色对课程体系进行调整。最终培养以社会主义核心价值观为引领，具有正确的人生观、价值观，具有坚定理想信念、高尚道德情操、优良学术作风和高度社会责任感，具有创新精神、精深专业素养和开阔国际视野的高水平人才。

3.7.2.2　导师培训与师资队伍建设方面

W 学院十分重视导师培训与师资队伍建设，强调导师是研究生培养的第一责任人，是学校培养高层次人才的主体力量，导师的学术道德、学术水平、学术作风和工作态度直接影响着研究生的培养质量。除了注重学术层面的教育，导师还应对研究生进行全面培养。引导他们树立正确的世界观、人生观和价值观。严格要求学生遵守学术规范和学术道德。在研究生培养的各个环节，强化学术规范训练，加强职业伦理教育，提升学术道德涵养。培养研究生尊重他人的劳动成果，提高知识产权保护的意识。营造浓郁的学术氛围，培养研究生养成严谨的、科学的研究态度和良好的团队合作精神。倡导研究生提升自己的眼界和发展定位，从国家发展和民族振兴的角度规划自己的职业发展，以自己的实际行动为国家和民族的发展进步贡献力量。提倡研究生在学习之余能参加相关的社会实践活动，在活动中锻炼和提升自己，服务社会的同时也实现了自己的价值，找到了前进的方向。培养研究生的国际视野和家国情怀，积极致力于构建人类命运共同体，努力成为世界文明进步的积极推动者。

W 学院强调，导师应不断提高研究生教育工作水平，增强研究生教育的事业心、责任感，切实履行好导师职责。注重对硕士生导师队伍的培训。导师培训包含新增导师岗前培训、学校专题培训和学院常规培训三个类型。新增导师岗前培训由学校组织，每年进行一次，对象为当年新增导师。学校专题培训由学校组织，对象为全体导师。学院常规培训由学院组织，对象为本学院导师。并且应在此基础上制订相关的管理办法，定期培训，对每次培训做好记录，做好阶段性总结工作。除此之外，还开展座谈会等活动，交流研究生培养的心得以及遇到的问题，重点针对遇到的问题进行探讨，总结经验并在下一阶段的培养过程中予以改进。

3.7.2.3 教学方法方面

传统的翻译硕士教学方法以学硕教学方式为基础，注重理论教学，夯实理论基础。但随着翻译硕士培养要求的更新，以及就业需求的不断升级，需要任课教师改进教学方法，在授课过程中更多地融入实践环节。在课程设置上，应适量增加实验课时，在讲解理论的基础上，带学生去实践基地参观考察，寓教于实践，在实践的过程中使学生加深对翻译理论的理解，在对理论理解的基础上进行实践。除此之外，还要在实践过程中注重对学生进行思政教育，培养学生的爱国情怀。特别是对那些去外企或者中外合资企业实践的学生，外国文化氛围浓厚，长期在这样的文化环境下实践，很容易受到一些不良因素的影响。因此，要特别注意对翻译硕士进行思政教育，定期开展相关理论的学习。

3.7.2.4 翻译硕士评估体系与思政教育体系方面

随着翻译硕士培养体制的建立与完善，下一步应逐步建立完善翻译硕士的评估体系，制订统一标准对翻译硕士开展定期评估工作，以评促建，以评促改，根据评估中发现的问题，有针对性地对翻译硕士学科的建设体系进行整改。另外要在以下几个方面加强思政教育、进行思政改革，建立健全研究生教育中的思政体系。要坚持以习近平新时代中国特色社会主义思想为指导，紧紧围绕立德树人根本任务，积极推进"三全育人"综合改革，整合各类育人资源，发挥立体式育人功能，培养德才兼备的高层次、应用型、复合型专门人才。

（1）加强课程思政改革，探索育人新篇

制订《思政建设规划》，推动全员、全课程思政建设，使得专业课可以在一定程度上引导学生树立正确的价值观；深入开展课程思政工作，通过定期检查、课程思政立项以及组织竞赛等工作促进课程思政成果固有化；完善课程思政评价激励机制，推动课程思政课程有典型；交流和分享思政工作和教学经验，推进课程思政教师有榜样。

（2）强化意识形态工作，筑牢思想防线

实实在在地担负起培育接班人、树立形象、发展文化等使命任务。强化意识形态工作队伍，成立意识形态领导小组；严格意识形态阵地管理，依托"三会一课"、主题党团日、学习强国等载体，开展常态化学习；落实工作职责，制订工作方案，健全责任机制，出台加强意识形态方面的工作制度，牢牢把握意识形态工作的领导权、话语权、主动权。

（3）外塑形象内强素质，创建青春活力的研究生党支部

遵循大学生党建工作一般规律，紧扣新时代党的建设总要求，根据研究生相关工作部署，同时融合学生培养要求和特点，开展丰富多样的支部活动，调动学生自觉参与学风建设的积极性，充分发挥学生骨干在学风建设中的先锋模范作用；创建系列教育平台，打造思想政治教育模块，形成了学生思想政治教育线上线下相结合、日常教育与特色教育相结合的有效体制。

（4）打造思政队伍力量，形成工作合力

教师是思政教育的主力军。开展思政教学比赛，不断提升思政教学的水平，使思政教育在教师之间和师生之间都形成一种合力，激发学生的爱国主义情怀和报效祖国的意愿。

3.8 校院两级国际化办学体系下翻译硕士教师的国际化进程

2017 年 3 月，教育部等五部门印发了《关于深化高等教育领域简政放权放管结合优化服务改革的若干意见》，对完善高校内部治理做出了专门规定。中共中央、国务院于 2019 年 2 月印发了《中国教育现代化2035》，重点分析了当前教育发展中突出的问题和薄弱环节，围绕加快教育现代化部署了十大战略任务，其中明确指出"推进教育治理体系和治理能力现代化"。为进一步完善大学内部治理结构，传统的内部治理模式已经滞后于高校快速发展的需要。

根据国家相关文件工作部署，基于 Y 校的政策计划，在国际化方面，W 学院积极推进校院两级管理，学院在学校的领导下制订自己的规章制度，充分发挥自身优势，因地制宜，因时制宜，使学校的国际化工作进一步深化，使得学院朝着积极有序的方向发展，学院自己掌握本院国际化发展相关数据，管理本院教师出国访学等相关事宜，规划学院的国际化发展进程。

由于专业的关系，W 学院教师出国比例较高，据不完全统计，到目前为止，W 学院共有 98 人次教师有出国研修经历，占学院专任教师总数的 64.5%。学院曾聘请国外知名大学教授为学院研究生讲授专业课程。近五年，学院召开了 3 次国际会议，邀请国内外专家为本院教师开展相关学术讲座，拓展教师科研思路。除此之外，学院还有教师担任国际期刊的副主编。由此看来，其国际化程度较高。在制订院系国际化政策和发展规划方面，W 学院基于以往的数据，研究学院国际化发展趋势，在参考学院学科发展方向的基础上，分析学院国际化发展优势及短板，参照既定发展目标查漏补缺，扬长补短，鼓励教师参与多层次、多领域、高水平的国际交流，积极参与国际组织相关工作，有针对性地提升学院国际化水平。

整体来看，在国际化方面，W 学院在近几年取得了一系列成果。学院先后与国外多所大学建立合作关系，开展学生交流、学者互访、国际期刊承办、学术研讨、科研合作和师资培训等活动，积极支持学校国际化建设工作。每年派教师赴美国托莱多大学孔子学院援教，为学校和地方外事及国际合作提供翻译服务。

为推进与广岛大学的教育与学术交流，W 学院与日本广岛大学合作设立了语言文化研究中心。该中心的成立将在联合开展语言文化等方面的教学研究与师生交流，联合举办国际会议和联合承办国际期刊这三个方面发挥作用。

W 学院积极深化与港口博物馆合作，打造产学研融合实践基地，推进学科交叉及相近专业集群聚合，进一步创新科研平台建设，助力港口转型升级，提高服务区域经济社会发展的能力、水平和实效。

W 学院与国际舆论研究合作联盟成员、"一带一路"智库合作联盟理事单位中译语通科技股份有限公司合作，服务国家战略需要，以语言服务助力智库建设，完成智库专报、学术文章、媒体评述等智库产品翻译约 500 万字，领域涉及军事、科技、金融、经济、国际涉华舆情等，为打破语言壁垒，跨越信息获取的障碍，加强话语权建设贡献了力量。

W 学院还与 Y 学校其他文化传承和传播类机构合作，开展科研合作和线上线下学习交流活动，同时签订合作协议，服务于国家优秀传统文化传承类学术研究成果的对外传播战略。

关于 W 学院教师在国际学术或行业组织任职方面，该学院教师在很多行业学会、机构或者协会中都担任有重要职务，例如某教授担任河北省翻译协会常务理事、某教授担任河北省日语教学研究会副会长等。

担任学术研究机构的委员不仅仅是对其学术能力的肯定，也利于提升学院学术氛围，加快国际化发展。学术是需要交流的，不仅仅要在全国范围内交流，更要放眼世界。学院为教师设立学术交流平台，资助教师参加学术会议、国际和国内培训及其他各种国际、国内学术交流，拓宽教师的国际视野，在此基础上也在不断地提升学院的国际知名度。

由于 W 学院教师的出国比例较高，那么接下来我们将从多个角度分析其出国数据，探究成因。W 学院目前有 6 个系室，共有专任教师152 人，其中英语系 41 人，日语系 20 人，西语系 17 人，大学英语一系32 人，大学英语二系 28 人，研究生英语系 14 人。

从系室结构层面分析数据：在所有有出国经历的教师中，英语系36 人次占比 87.8%，日语系 10 人次占比 50%，西语系 16 人次占比94.1%，大学英语一系 13 人次占比 40.6%，大学英语二系 12 人次占比42.9%，研究生英语系 11 人次占比 78.6%。从以上数据来看，英语系、西语系和研究生英语系的国际化水平较高；相比较来说，大学英语一系和大学英语二系的国际化水平较低。从系室老师平时所教课程以及近年来人才引进情况来看，分析造成以上情况的原因如下：西语系专任教师数量较少，且近年来引进好几位有出国经历的教师，这对提升西语系的国际化水平有所帮助；英语系和研究生英语系主要承担本学院硕士研究生专业课、学校硕士研究生公共课和博士研究生公共课，课程受众的学历较高，对任课教师也提出了更高的要求，因此大多数教师有出国经历。

从职称结构层面分析数据：在所有有出国经历的教师中，教授 19人次占比 19.4%，副教授 33 人次占比 33.7%，讲师 44 人次占比44.9%，助教 2 人次占比 2%。W 学院目前有硕士生导师 26 人，其中 23人次有出国经历，占比 88.5%。学院绝大多数硕士生导师均有出国经历，这对研究生培养、拓宽学术视野以及提升学院的国际化水平都是大有裨益的。从职称结构来看，有讲师职称的教师出国比例最高，这说明需要提升自身国际化和学术素养的中青年教师的出国需求和热情都是最高的，今后学院和学校在制订国际化政策的时候，会多考虑中青年教师的诉求，这样可以快速提升学院乃至学校的国际化水平。

从留学访学国家层面分析数据：W 学院的留学访学国家主要集中在美国、英国、澳大利亚、日本、法国、德国、加拿大、新西兰、新加坡等国。从留学访学单位来看，排名前三的是美国托莱多大学、澳大利亚科廷大学和新加坡南洋理工大学。说明 W 学院在国际化进程中注重开拓多领域的国际市场，广泛建立国际合作点，并与多所国际知名大学建立了长期稳定的合作关系。与世界知名大学的合作，也从一个层面上肯定了该院校教师的科研和学术水平。W 学院与国外多所大学就学生交流、学者互访、科研合作和师资培训等多领域开展合作，外语教学与国际接轨，每年派教师赴美国托莱多大学孔子学院援教，为学校和地方外事和国际合作提供翻译服务。

从院校发展规划层面分析数据：我们以 W 学院五年规划为时间节点，分析其教师出国情况，学院在 2000 年以前有 2 人次有出国经历，占比 2%；在 2001—2005 年期间有 17 人次有出国经历，占比 17.3%；2006—2010 年期间有 22 人次有出国经历，占比 22.4%；2011—2015 年期间有 24 人次有出国经历，占比 24.5%；2016—2020 年期间有 33 人次有出国经历，占比 33.7%。出国人次稳步提升，说明 W 学院教师的国际化水平和加强国际交流的意识在逐年提高。也说明 Y 学校在提升国际化水平，鼓励老师出国，推动学校的双一流进程方面一直在努力。

从教师出国年限层面分析数据：我们以教师出国年限为划分依据，发现 W 学院教师出国时间半年及以下的有 20 人次，占比 20.4%；出国时间半年到 1 年的有 15 人次，占比 15.3%；出国时间 1 年以上的有 63 人次，占比 64.3%。出国时间较长的教师人次较多，说明 W 学院教师出国以长期交流为主，在国外深入细致地学习相关的理论知识，注重在此过程中形成自己的研究风格，回国后把从国外学习来的研究前沿课题学以致用，为学科的整体提升、学院的国际化发展做贡献。

从教师出国时间阶段层面分析数据：我们以教师出国时间的阶段为划分依据，从出国类型来看，W 学院教师出国人次中，有将近半数教师出国是由国家或河北省资助的，在学院工作期间自费或其他单位资助留学、访学、任职的教师也占到了大概三分之一的比例。从以往的数据来看，大多数教师都是来校后在合适的时机出国进行深造，来校前就有出国经历的教师较少，这也提醒其在今后引进人才的过程中，要更加重视其前置学历，快速提升学院的国际化水平。

从 W 学院的整体国际化数据来看，学院的国际化合作水平还有待提高，学院与国外的合作办学点数量不足，与国外高校联系多，落实项目少，缺乏长期稳定的合作机制；师生层面的交流合作广泛度有待提高，各专业国际化进程参差不一。今后应大力实施国际化提升战略，不断提升 W 学院的国际影响力，通过多派师生出国进修，增加学院外籍师生，建立国际合作点等形式进一步加强国际交流的广度与深度，推进学院的国际化工作，具体内容如下。

推进"学生全球视野拓展"工程：提升人才培养质量，丰富学生海外访学经历。

推进教育教学改革，注重研究生培养质量的提升。围绕高素质拔尖创新人才培养，拓宽学生的全球视野，提升学生的多种文化理解和对外交流能力，提高学生的全面素质，加大力度培养一批高素质、多技能、综合型，同时适应现阶段对外交流需要的专业型人才。适度扩大留学生规模、着力优化结构；针对全校公共外语学生，探索开设旨在增强学生跨文化理解力和国际交往能力的专门课程，推进人才培养模式改革。针对专业学生，开设国际金融、国际贸易等课程，课程体制与国外接轨，将课程的视角扩展到全球范围。

增加国际交流，与国际知名大学学分互认，丰富师生的海外学习经历。加强与海外高校和企业的联系与合作，拓展联合培养、交换生、短期访学、暑期学校、海外实习实践、短期社团文化交流、国际竞赛等各类项目，大力推进研究生参加国际合作科研项目、国际会议、短期访学等项目。

（1）推进"国际科技战略合作"工程：提升学科的国际影响力

积极争取和举办本学科领域有影响、高水平的国际会议，进一步加大对在高水平国际期刊发表成果，产出具有重要国际影响力的科研成果的支持力度。通过多种渠道和形式加强国内外学术交流，推动学科发展、专业进步，提升学院国际化水平和国际知名度。

（2）推进"队伍国际竞争力提升"工程

大力引进海外高层次优秀人才。着力面向海外引进高层次拔尖人才和具有良好发展潜质的优秀青年人才，利用优秀的外籍教师培养和提高学院教师科研素养。开展外教研修班，邀请学院有海外硕博学习经历以及海外访学经历的老师来院讲学等，促进教学科研水平的提升。邀请国外知名大学专家学者到学校开展丰富多样的学术交流讲座。

丰富教工队伍的海外学习经历。建立完善有效的措施和机制，丰富教工队伍特别是青年教师队伍的海外经历，注重教育背景多元化，制订实施"青年骨干教师海外培训计划"等措施。制订寒暑假短期海外培训计划，分期分批送出教师研修、访学，丰富学院教师的海外留学经历。

提升教师队伍的学术和教学水平。做好教师发展和培养工作，为教师创造更多学习和交流的机会，加大国际交流力度，扩大国际交流的广度和深度，提升学科建设、人才培养和教师自身的国际化水平。大力提升教师队伍的国际影响力和竞争力，制订实施教师海外学术休假制度，鼓励和支持教师在高水平国际学术、行业组织任职，担任国际期刊编委，参加重要的国际学术会议并做特邀报告、主题报告。鼓励和支持专业教师参加国际学术研讨，增加国际交流。

吸收和借鉴世界一流大学的教育理念、教学方式方法、教学管理模式和评价方式，引入课程、教材等海外优质教学资源，探索开设旨在增强学生跨文化理解力和国际交往能力的专门课程，推进人才培养模式改革。

（3）继续支持学校孔子学院汉语教师援助计划和学校国际化办学

输送汉语教师到海外孔子学院是学院提升国际化水平的重要途径。近年将继续支持学校输送汉语教师。充分利用援外教师为学院提供的国际交流的信息与渠道，为学院提升国际化水平发挥作用。承担校内国际桥梁课程、与德国合作的康养专业课程以及地区国际合作等任务。

通过以上措施，推动 W 学院制订好自己的发展规划及校院两级国际化管理措施，推动学院国际化发展，根据自身的实际情况制订调整国际化发展方针政策，提升学校的国际化水平，为翻译硕士的培养奠定师资力量基础。

第 4 章　理工类院校翻译硕士培养模式发展建议

4.1　理工类院校翻译硕士培养过程中遇到的问题

根据前文描述，我们得知翻译硕士的前身是翻译学硕士（简称为"MA"），翻译学硕士的教育始于 20 世纪 80 年代，从培养模式来看，主要是培养学术型翻译人才，注重理论研究。那么随着经济的发展、国力的增强以及对外交流的需要，社会建设需要大量的专业型高端翻译人才，翻译硕士（简称"MTI"）也就应运而生了。不同于传统的学术型翻译学硕士，翻译硕士作为专业学位硕士，更加注重实践。从培养目标来看，培养的是能适应国家经济、文化、社会建设需要和提高国家竞争力的高层次、应用型、专业型翻译人才。

自 2007 年 9 月 18 日，全国翻译硕士专业学位教育指导委员会成立以来，翻译硕士学位教育已走过了辉煌的 16 年，在这 16 年里共有 11 批次 316 所院校设立了翻译硕士（MTI）专业学位点，培养了一批又一批的专业人才。培养院校根据教指委的指导性培养方案并结合自身的实际情况，制订自己的培养模式。经过多年发展，培养模式不断改进，越来越适应专业学位教育以及社会发展的需求，所培养的学生就业情况也相对乐观，学生们在不同的岗位上都发挥着自身的作用。理工类翻译硕士培养院校作为占比较大的一类翻译硕士培养单位，其文科院校相对薄弱，但其专业学位培养也有自身的特色，并在不断发展壮大的过程中，取得了突出的成就，为社会培养出了极具专业特色或院校特色的专业型翻译人才，这是值得肯定的。但是，经过走访调研及资料查阅，还是发现了理工类院校翻译硕士培养中的一些问题，在此提出这些问题会在后续的培养环节中予以改进，以推动专业学位教育走向更加辉煌的未来。

4.1.1 课程设置问题

学科建设目标不明确，缺乏创新意识和本校特色课程。培养翻译硕士，设立专业学位点，首先要明确学科建设目标，突出自己的特色。很多院校在本科教育阶段就开设翻译相关专业，这些专业的学生毕业后也可以从事与翻译有关的工作，那么在此基础上设置翻译硕士并不单单是为了培养可以翻译的人才，而是培养出有专业技能和行业特色的高端翻译人才，这种人才不仅有专业的背景知识，还要精通中外两种语言。究其原因是因为市场需要的是复合型人才，从业人员不仅要有扎实的语言功底，还要掌握一些常见翻译工具的使用技能、翻译文稿的排版印刷技能、翻译项目管理技能以及行业专业术语的翻译技能。翻译硕士发展到现在，大多数翻译院校在课程设置上仅仅是遵循翻译硕士教指委的指导性培养方案，并没有找准学科定位，根据学校特色学科，地区经济发展需要有针对性地调整培养方式，设置相关课程。这样培养出来的研究生与本科生的区分度并不高，对学生今后的择业也有不利影响，不符合翻译硕士设置的初衷。例如一些理工类院校的翻译硕士课程设置中没有针对学校优势学科基础知识介绍的课程，或是科技翻译类课程，反而大量开设文学翻译或者小说翻译，这样培养出来的学生没有专业特色，将来走上社会缺乏竞争优势。还有一些坐落在旅游城市的院校，其翻译硕士学位点并未开设适应地区经济发展和建设需要的旅游英语翻译或相关课程，以致其培养出来的学生毕业后不能很好地服务于地方经济建设发展（刘娈，2015）。

理论课和中国语言文化类课程开设不足，专业技能课开设过于杂乱，缺乏系统性。近年来，随着翻译硕士等专业学位教育的不断升温以及录取人数的逐年攀升，越来越多的考生选择报考翻译硕士，报考条件的相对宽松使得翻译硕士的生源结构复杂，一些跨专业考生缺乏语言和理论学习基础，一些考生报考翻译硕士仅仅为了提升学历，学习动机和目的都有所偏离（张译丹，2012）。那么为了培养符合社会需要的合格的翻译人才，各个培养单位在课程设置上就要有所调整，针对不同类别的考生设置相应的课程，以提升其整体素质。翻译其实需要从业者具备双语转换的技能，这就要求学生不仅要学好外语，同时也要有扎实的中文功底，这样将来在接到翻译任务时才能得心应手，才能提供高质量的译文。但是目前大部分翻译硕士培养院校并没有十分注重学生中文及文化功底的培养，很少开设相关课程。除此之外，开设相关翻译理论课程也必不可少。俗话说得好，工欲善其事必先利其器，只有掌握了大量的翻译理论，才能在将来的工作中将其用于实践，指导实践，提升工作效率。一些院校在按照翻译硕士教指委的要求开设完必修课后，又开设了大量的选修课，其初衷是为了培养学生多方面的技能。但是这些选修课往往缺乏系统性，开设得杂乱无章。按照正常的硕士培养流程，一个翻译硕士的在学时间为 2~4 年，其课程学习环节一般为 1 年，剩下的时间要完成实践环节以及毕业论文写作环节。一个人的精力是有限的，如果要求其在短时间内精通各种不同类型文本的翻译技能基本不可能，应该让学生在有限的时间内掌握某一领域的专业术语词汇库，并熟悉这一领域的翻译技巧，毕业走向社会后可以直接进入相关领域的职场，这才是我们的培养目标。那么杂乱的、没有系统的选修课就不利于此目标的实现。

　　课程内容和教学教材更新不及时，课程讲授内容与市场需求脱节。翻译硕士培养的是面向市场需求的专业型高端翻译人才，那么就要求课程讲授内容要贴近市场需求，教材也要及时更新，这样培养出来的学生才更适应社会发展的需要。例如，现在各种网络游戏和二次元漫画比较火，受市场追捧，那么在翻译硕士课程讲授内容上可以开设与游戏翻译、字幕翻译和漫画翻译有关的课程。但是实际上开设相关课程的学校很少(陈思伊，2018)。这就造成了课堂讲授内容与市场实际需求脱节，学生容易纸上谈兵，将来就业时缺乏相关的背景知识。再有就是课程讲授内容问题，许多翻译硕士的任课教师原本是培养学术型硕士的，在开设相关课程的时候没有考虑市场需求，并且与实际情况有所差异，造成学生毕业后并不能学以致用。例如有的培养单位开设的文学翻译这门课，老师讲授的内容学术性太强，实操性不高，而且由于目前翻译市场流通性最大的文本是应用型文本，学生在实际工作中翻译专业的文学文本的机会不大，造成了课程内容与实际情况脱节。

专业型硕士与学术型硕士课程的区分度不足。翻译硕士的培养注重实用性，旨在培养适应国家社会、经济、文化建设需要的高层次、应用型、专业型的口笔译人才。学术型硕士的培养注重理论性，使得学生毕业后可以独立从事相关科研工作或是在学术领域提出自己独特的见解。培养目标的差别决定了其课程设置也应存在明显差别。很多翻译硕士培养院校确实是根据翻译硕士教指委的指导性方案制订了自己的翻译硕士培养方案。但是与本校相似专业的学术型硕士相比，在课程设置上并未见到明显的不同之处，甚至与学术型硕士共用一套课程体系。不仅如此，绝大多数课程的授课方式还停留在传统的灌输式的教学模式上，缺乏实验和互动环节，学生在课程教学环节得不到实际的锻炼，这也背离了翻译硕士课程的设置原则。如在课程设置上不能体现专业特色，与传统的学术型硕士加以区分，那必将对培养出来的学生质量带来一定程度的影响。

缺乏校外导师或是行业内人士主导的课程。国内的翻译硕士是在2007年正式设立的，其发展时间并不长。国外对于翻译硕士的培养可以追溯到1949年，其培养时间更长，并且在课堂教学环节十分注重实践(王志伟，2012)。灌输式课堂教学是国内院校的主要教学方式。国外院校对模拟式教学更为重视，且采用虚拟课堂教学方式的院校显著多于国内。虚拟课堂是指在课堂教学中与一些大型企业机构进行线上互动沟通，是较为新颖的教学方式，目前国内罕有学校采用。同时，国外翻译硕士教学会聘请很多行业人士参与。目前，大多数国内的翻译硕士实行的是双导师制，即除了传统的校内导师还会配备校外导师，两位导师共同指导翻译硕士的培养环节。但是在一些培养院校里，翻译硕士的校外导师并没有发挥应有的作用，只是指导校外实践环节，在学生的授课环节以及学术知识普及和学术氛围提升的讲座环节的参与度并不高。造成这种情况，一方面由于很多校外导师都是企业的高层管理人员，平时的工作比较繁重，很难抽出大量的时间用于教学环节，偶尔抽出时间进行学术讲座也需要提前沟通和多方协调，在实际操作中确有困难；另一方面是一些院校对翻译硕士专业学位的重视程度不够，无论是培养环节设置改进或是经费支持方面，都比较欠缺。这就造成了邀请校外导师参与课程及讲座环节成了可有可无的，这也在一定程度上制约了校外导师的参与度。

4.1.2　师资队伍建设和导师双向选择问题

专业教师缺口巨大，师资严重匮乏。根据全国翻译硕士教学指导委员会公布的翻译硕士学位授权点申请基本条件，要求翻译硕士的专任教师中每位笔译专业教师须有 20 万字以上的译作，每位口译专业教师须担任过 20 场次以上的国际会议等的口译工作。应有不少于 50% 的专任教师参加过由全国翻译专业学位研究生教育指导委员会(或国内外其他翻译专业学术或行业机构)组织的师资培训，并获得证书。然而许多翻译硕士培养院校在选用任课教师时，并没有完全按照翻译硕士教指委的要求选拔，只是简单地把学术型研究生的任课教师搬到翻译硕士的课堂上，或者是规定只要有博士学位或者是副教授以上职称就可以承担翻译硕士的教学任务。除此之外，对教师的培训也不够重视，很少组织专任教师进行行业培训，教师一般都是自发地去参加一些短期的学术讲座进行自我提升。另外，培养院校在引进高水平人才时，看中的是其科研能力、自身的毕业院校和学历，很少考虑其所学专业是否是与翻译相关的，有没有行业从业经历，能否给翻译硕士的学科发展带来新的机遇。一方面，是因为符合翻译硕士教指委要求的专任教师本来就缺口巨大，一些院校受自身基本条件的影响，无法吸引优秀人才；另一方面，除了基础的课程教学，高校主要注重科学研究，从这个角度来说，翻译硕士培养院校的科研压力会比较大，学校每年会分配给二级学院一定的科研任务量，如果完不成既定的科研指标，学院的年底考核会受到很大影响，再加上一些院校面临着大量老教师退休问题，亟须补充教师队伍，那么在引进人才时，首先要考量的就是其科研能力，而在一定程度上忽略了其他的必备条件。而专业型翻译硕士任课教师的缺失，势必会影响其整个培养环节，如何改善这种情况，需要我们进行深入的思考。

任课教师缺乏相关行业背景知识。与本科阶段的翻译相关专业或者是硕士阶段的翻译学专业培养目标不同，翻译硕士注重培养的是有相关专业背景知识的高端翻译人才。这要求翻译硕士不仅要有扎实的双语功底，还需有相关行业背景知识。在这个层面上讲，就对翻译硕士的任课教师提出了进一步的要求。翻译硕士任课教师应注重自身素质的提升，与行业发展对接，掌握并向学生介绍相关翻译工具及行业发展现状，必要的时候应具备与院校或地方经济发展相关的法律知识或者是金融知识，这样才能培养出更符合翻译硕士研究生培养初衷的毕业生。但是现在好多院校的翻译硕士专任教师并不注重自身行业素质的提升，对行业发展动态及翻译工具的更新换代关注度低，每年参与行业培训和翻译相关稿件的数量均未达到教指委的要求（刘雯，2015）。造成这种现象有很多方面的原因：首先，在职称评定环节，对译著和翻译培训证书的重视程度不够，教师出版译著或是参与行业培训取得相关证书都是不被认定的，基于这个原因，青年教师在其职业上升期会拿出更多的精力出版专著，申请项目或是撰写高水平论文，这样一来，其参与行业培训和翻译稿件的时间就会被挤压。其次，现在各种翻译软件层出不穷，随着科技的发展，其正确率也在逐年提升，很多要求较低的翻译稿件不再需要人工校对，单靠机器就可以完成翻译流程。在需要人工参与的翻译环节中，每千字的翻译费用一般在 200~400 元左右，并且对译文的质量要求比较高。劳动报酬的相对过低也制约了专任教师的参与进程。最后，国家或者是翻译硕士教指委缺乏对翻译硕士专任教师的资格认定机制或者是考核机制。综上所述，这三个方面的原因影响了专任教师的行业能力提升进程。专任教师综合素质的欠缺势必会对学生的培养造成不利影响。

行业教师数量过少，培养过程参与度不高。除了专任教师，翻译硕士的培养也离不开行业教师的参与。根据翻译硕士教指委相关文件的规定，对参与研究生培养环节的行业教师，需要具备国家中级以上翻译专业技术职称，或获得全国翻译专业资格（水平）考试二级以上证书、或担任翻译/语言服务机构技术高管。口译专业兼职教师须担任过 200 场次以上国际会议等口译工作；笔译专业兼职教师须有 200 万字以上的笔译作品，或具备 6 年以上翻译项目管理或翻译技术开发的经验。根据上述要求，大部分翻译硕士培养院校均为研究生选拔了相应行业的从业人员作为校外导师，参与学生的培养环节中。但是相对于学生的数量来讲，行业教师的数量还是过少，需要持续增加。同时与校内导师相比，校外导师的分工虽然有所差别，但都是为了培养高质量的研究生。目前看来，在翻译硕士培养的过程中，校内导师和校外导师的配合度不高，缺乏沟通，校外导师仅负责研究生校外实践部分，对研究生培养的其他环节，比如课程教学、学术讲座和论文选题等，基本没有参与，这与校外导师设置的初衷有所违背，也是今后需要改进的地方。

硕士生导师的双向选择机制不完善。众所周知，研究生入学后的第一个环节就是导师的双向选择，由于专业型研究生的报考热度不断上升，近几年录取的人数也在不断增加，而导师的数量相对稳定。双向选择的初衷是为了实现导师和学生之间的互选，学生可以选择符合自己研究方向的导师，导师也可以挑选符合自己培养意愿的学生。但经调研，目前导师双选存在以下几个问题：①部分导师由于研究方向、科研能力或者行政职务的问题，过于热门，学生报名相对集中；反过来，一些新加入硕士生导师队伍的老师，由于任职时间短，毕业生数量相对较少或者还没有毕业生，学生报名相对较少，甚至没有。②部分院校由于翻译硕士导师较少，存在一个导师同时带很多学生的问题，这将会使培养出来的研究生的质量大打折扣。③缺乏专门的翻译硕士指导教师，大部分硕士生导师都不是单一指导翻译硕士的，而是同时指导学术型硕士。众所周知，这两类硕士研究生的培养方式是有所区别的，翻译硕士注重实践，而学术型硕士注重理论学习。一个导师同时指导两类不同的研究生，在培养效果上势必会受到影响。④校内导师的选择上会有一个师生互选的过程，但是校外导师的选择基本是随机分配的，学生和导师在互选前缺乏一个互相了解的过程，校外导师的选择流于形式。

4.1.3　实践基地的建设与维护问题

校内实践基地建设重视程度不够，难以为学生实践提供有力支撑。翻译硕士的实践环节分为校内实践和校外实践。其中校内实践一般为半年，学生所在学院应设立校内实践基地，为学生实践提供相应的场地、设备和指导教师。校内实践在某种程度上来说是校外实践的补充。校内实践基地，由培养单位主导，更容易按照其培养方向来设定实践任务和环节，使学生可以在校内实践的过程中用课堂中所学的理论指导实践，同时又可以在实践的过程中不断完善相关理论，实现理论与实践的闭环（辛红娟等，2014）。关于建设要求，根据翻译硕士教指委相关文件规定，口译方向须配备口译教学实验室 1 个以上，笔译方向须配备计算机辅助笔译实验室 1 个以上。实验室须配置翻译软件和语料库 3 种以上，专职实验员 1 人以上。设立专门的管理机构，配备专职管理人员及专职教学秘书，制订完善的培养流程和配套管理文件，保证培养质量。但是受到经费缺乏、学科不够重视等因素的影响，很多翻译硕士培养院校并未在学院建立专门的校内实践基地，而是直接把普通教室或者是硕士生导师的办公室作为学生校内实践的场所。对一些设置校内实践基地的学院，基地内的设施也不完备，普遍存在电脑等设备更新不及时，常用翻译软件安装不及时或更新缓慢，场地有限，无法满足学生实践需求的情况。关于校内实践指导教师，虽然很多院校在此环节上设有指导教师，但是指导教师的数量过少，且在学生的实践过程中不能做到一对一的实时指导。在实践总结环节，学生的译文基本上是校内导师把关，校内实践指导教师只是起到一个分配实践任务，周期性监督学生的作用，并未发挥其真正的作用。同时，在校内实践环节，由于场地或设备问题，学生缺乏监管，一些学生并没有真正全程参与，而是自己找翻译文稿或者翻译导师分配的文稿，这在一定程度上使得校内实践基地形同虚设。很多参与到校内实践的学生，只是机械地完成老师分配的翻译任务，并没有按照真实的翻译环节（译前准备、译中监控、译后审校和项目提交）进行准备。这样的校内实践很难有效提升学生的翻译水平，也很难支撑学科的发展。

校外实践基地任务量不足，实践岗位单一，基地条件不佳，利用率不高。校外实践基地可以为学生提供真实的工作场景，是翻译硕士实践教学中不可或缺的一环。学生在实践过程中可以快速提升自己的实务技能，包括双语能力、资源配置能力、协调沟通能力和营销管理能力等，是其将来走向社会的阶梯。据了解，与翻译硕士培养单位建立合作的企业以大型翻译公司为主，公司是以盈利为目的的，有实力的翻译公司一般都集中在大城市。这样来说相比普通院校，位于大城市的重点院校的学生就更加容易获得实践机会。部分实践基地在接收学生前会安排一系列测试，通过测试的学生才能进入项目组，部分学生由于自身水平和态度问题，未能通过测试。部分实践单位在某一阶段所接到的翻译项目级别较高，很多学生都通不过项目测试，翻译公司就会找其他学校的学生完成翻译任务。由于学位点评估对基地的数量有一定要求，因此培养院校基本每年都会拓展合作基地的数量。但是近几年受疫情等大环境影响，有的基地工作量很稳定，有的基地工作量不稳定，这就给学生的实践分配带来了一定困难。对工作量不稳定的基地，既要派出学生保证合作关系，又要考虑到学生的实践需求，平衡这两者之间的关系存在一定困难。一些已建立的实践基地由于没有持续地输出学生，造成了基地与学校之间合作的终止，这对后续基地的建设带来不利影响。根据翻译公司运行的基本框架，一个成熟的翻译公司所设立的岗位应包括译员、译审、翻译项目经理、质量监控人员和资深翻译等。但是目前大多数翻译公司提供的岗位都比较单一，一般只提供译员的岗位，这样学生在实践过程中无法对翻译公司的整体工作流程进行全面了解，也不利于其今后的职业规划。还有一部分实践单位提供的岗位与翻译无关，这样的实践只是完成了学校的教学任务，没有任何实践意义，使得实践基地形同虚设。一些规模比较小的翻译公司，本身框架结构设置就不合理，软硬件设施不完善，任务量不足，能给学生提供的实践岗位有限，学生实践认可度低，使得这些基地利用率低，合作前景不明朗。同时，受经济发展大环境影响，翻译公司的涉外项目开展受阻，目前大部分精力都在发展人工智能，研发可以提供机器翻译的智能产品，建立专业数据库，学生在翻译公司可以接到的人工翻译任务越来越少，对进入公司实践的学生的能力也提出了更高的要求。

实践基地缺乏管理机制，校企之间合作难以实现互利共赢。无论是校内实践基地还是校外实践基地，其设立初衷都是作为课堂教学的延伸，让学生可以将所学理论用于实践，并逐步在实践中了解翻译公司运行的流程，培养学生的实践能力和职业素养，为其将来的职业规划奠定基础。目前，在校内实践基地建设过程中，缺乏规章制度和管理运行机制的建设，使得其并未发挥应有的作用，而仅仅是为学生提供了一个翻译场所。同时，学生在实践过程中需要指导教师对其翻译稿件的问题及时纠正，并全程跟踪，这需要耗费教师大量的经历。根据调查研究，担任基地翻译指导工作的一半都是培养单位的青年教师，然而青年教师往往承担的教学任务较多，科研压力也较大，同时还会更多地关注职称评定，那么其指导校内实践基地翻译材料的经历就会大打折扣，指导质量也会不尽如人意，这样就需要培养单位在校内基地的管理流程、工作制度以及指导教师的奖励机制及职称评定有关的待遇制度上进行合理规划，最大限度地保障基地的高效运转，同时要最大限度地调动老师们的指导积极性（仲伟合等，2016）。对校外实践基地，在建立之初，很多院校只是简单地签订了一个合同，说明合作的内容及具体期限，并没有对学生进入基地后的运作模式进行进一步的规定。学生在进入实践基地后，所有的实践活动完全由实践公司主导，院校的参与度低，校外导师的指导作用不明显，翻译经理成了学生实践的指导者。同时学生稿件的问题以及译文质量的高低不能及时得到指导和反馈，一些学生甚至从事与翻译无关的岗位。管理规范的缺乏，使得学生的实践质量难以保障，学生的实践流程混乱，学生在实践过程中的利益难以得到有效维护以及校外双方难以维持长久共赢的合作等问题，也是不容忽视的。

4.1.4　实践过程的监管问题

学生实践过程缺乏监管，实践积极性不高，实践效果难以保障。据了解，目前翻译硕士培养院校主要采取三种实践形式，一、集中翻译实践：由培养院校统一安排学生在指定实践基地参加涉外活动或项目翻译的实践工作，具体时间、内容、形式等由各专业、实践单位与校内外指导教师协商安排；二、导师联系实践：在导师的指导下，研究生以分散的形式参加各类实践，具体形式可以包括翻译企业实践、会议实践、涉外活动实践等；三、研究生自行联系实践：研究生可以利用自身已有资源开展实践活动，一般为研究生在自行联系的企业进行实践（董洪学等，2015）。2019年的一项调查显示，目前，在翻译硕士进行的实践中，有17.61%是导师联系的，有18.86%是由培养院校统一安排的，有

44.15%是研究生自行联系的，有19.39%没有进行实践(刘欣，2019)。在院校统一安排和导师联系的实践中，企业和实践部门会安排部分负责人对进入单位的学生进行考核和工作分配。受任务量、任务性质以及学生进入项目组的考核表现影响，每个学生被分配到的实践工作岗位和实践时长也会有所区别。同时，由于缺乏监管机制，一些实践单位对实践学生不够重视，学生在实践过程中的效果难以保障。在学生自行联系的实践中，学生一般会找三种岗位：第一种是小型翻译公司提供的翻译岗位，工作内容一般为稿件翻译，实践虽然与翻译有关，但是由于公司规模不够，缺乏时间管理和译文反馈机制，学生只是作为低成本的劳动力参与译文环节；第二种实践岗位与翻译无关，只是在实践中可以用到英语，学生进入公司后协助公司员工处理一些日常事务；第三种实践岗位与学生所学专业和职业规划彻底无关，学生进入单位实践只是机械地完成培养单位要求的实践时长，实践结束后由对方单位开具实践证明，这种实践完全是学生应付差事，与翻译硕士实践的初衷相去甚远。综上所述，无论是培养院校统一安排的集中实践，还是导师联系的实践，或是研究生自行联系的实践，在实践过程中都缺乏对学生的、校企双方都达成的书面形式的监管机制。监管机制的缺乏，不仅使得学生的实践积极性不高，实践机会不均等，实践评价机制混乱，也使得实践效果难以保障，由此可见，加强实践监管在翻译硕士的实践中至关重要。

实践基地缺乏评估认证机制，实践资质难以保障。目前社会主流的翻译领域为机械、商贸、化工、汽车、医药、法律等非文学翻译(曹进等，2016)。实践教学可以帮助学生了解行业发展动态和热门领域，为其将来走向社会和职业选择奠定基础，搭建桥梁。校内实践基地和校外实践基地的建设正是为了给培养单位的翻译硕士提供实践平台。一个合格的、良性运转的、有专业特色、规模庞大、管理规范的专业学位实践基地不仅能为学生提供有效的实践平台，也可以推动学科的发展，甚至提升学校的知名度。近几年，国家十分重视学位点的评估工作，根据国务院学位委员会和教育部在 2020 年 11 月发布的《国务院学位委员会 教育部关于开展 2020—2025 年学位授权点周期性合格评估工作的通知》，所有 2013 年及以前获得授权的学位授权点均要参加本次为期 5 年的学科评估，每年按照规定时间节点提交评估材料，可见国家对学位授权点评估的重视程度，也说明了评估对学位授权点的建设和提升有着至关重要的作用。然而对学位授权点研究生培养中的关键一环——实践基地的评估却处于相对缺失的状态。对翻译实践基地的考核评估一方面有利于规范翻译市场，另一方面也有利于提升翻译硕士的教学质量。然而，在现实情况中，在实践基地建设之初，翻译硕士培养单位会对其资质进行审核。但是建立后，无论是学校、学院或者是翻译硕士教指委，都没有明确地评估考核条例或者按时开展有针对性的评估工作，实践基地长期处于缺乏监管的状态。这样一来，学生的实践缺乏反馈机制，实践效果也难以保障。近年来，随着翻译硕士等专业学位热度的不断上升，各培养院校的招生规模也在不断扩大，学生的逐年增多和基地建设的不重视形成对比。如果不定期地对基地的实践指导教师资质、软硬件设置、整体运营机制、提供的实践岗位、实践考核反馈流程等环节进行评估监管，那么必将对翻译硕士学位的整体发展以及学生毕业后的择业带来不利影响。

指导教师参与度不高，难以有效把控学生实践效果。在上文中我们提到，为了保障翻译硕士研究生的培养效果，区别于学术型研究生，翻译硕士实行双导师制，即设校内导师和校外导师，共同协作，指导培养翻译硕士。然而 2019 年的一项调查研究显示，61% 的翻译硕士并没有校外导师(刘欣，2019)。在有校外导师的学生中，导师在学生实践过程中的参与度也不高，造成这种情况有几点原因：①校外导师是翻译硕士入学之初就确定的，而学生是在研二的实践环节中才确定去哪家翻译公司的，这样就存在一种情况，即学生所去的实践单位并不是校外导师的任职单位，且实践单位一般会设有项目经理来审核学生的译文，这样看来，校外导师再进行指导存在诸多不便。②校外导师一般是行业内的精英或是高管，平时工作繁忙，很难抽出大块时间对学生进行实践指导。③一些院校对翻译硕士学位建设的重视程度不够，资金投入也不到位，造成导师聘用环节存在诸多问题。④翻译硕士招生数量逐年攀升，而学位点聘用的校外导师数量有限，存在一个校外导师指导4个以上研究生的现象，这会使得导师很难在有限的时间里，高质量地指导研究生实践。⑤缺乏相关的规章制度或者行之有效的对导师的考核机制，使得导师缺乏指导动力。校内导师只指导学生毕业论文，校外导师在学生实践环节的参与度又不高，这就造成了校内导师和校外导师的角色相对割裂，缺乏沟通，各自为营，且都没发挥其应有作用，长此以往，学生的实践效果将难以把控，实践过程的合理性将缺乏衡量机制。

实践考核环节有待完善，学生实践效果评价不客观。为了检验实践效果，在学生完成每一阶段实践后，培养院校应设立实践考核环节，对学生的实践情况进行全面考评。根据《全国翻译专业学位研究生教育实习基地（企业）认证规范》中的规定，实习企业应建立实习生评估制度，学生实习结束后，向学生出具实习证明及评估鉴定。在实际工作中，实习单位确实按照学生的实习表现出具了证明并给出了评价打分，但是一个公司的实践分数往往都是由项目经理或者某个实践带队教师给出的，在打分之前没有成立评审组，学生也没有机会陈述自己的实践过程和收获，打分存在一定的主观性和随意性。学生回到培养院校后，很多院校会成立答辩委员会，对学生的实践过程进行全面评价并打分。但是也有一些培养单位没有答辩环节，只是由系主任或者专业负责人结合学生的实践字数和实践单位的评价直接打分。培养单位的相关负责人或者说是评委，在评价学生的实践效果前，很少或者从来没有去过学生的实践单位，对学生的实践过程、实践岗位、实际工作表现以及译文质量知之甚少，仅凭学生带回来的实践材料或者答辩表现就对学生的实践环节打分，这是不客观的，这样的考核程序也不利于翻译硕士学位的发展。

4.1.5　毕业论文的选题与写作问题

毕业论文写作形式的选择过于集中,有待扩展。根据教育部学位管理与研究生教育司 2007 年第 78 号文件中的规定,翻译硕士研究生可以采用项目、实验报告和论文这三种形式中的一种。在此基础上,有学者提出可以在教育部现有翻译硕士论文形式的基础上,根据专业学位的特点及设立要求予以改进,平洪(2018)提出,根据不同翻译硕士培养院校的特色及培养目标,学位论文可以采取以下五种形式之一:翻译实践报告、翻译实习报告、翻译实验报告、翻译调研报告、翻译研究论文。穆雷等(2012)提出,翻译硕士的论文形式要紧密联系学生的实践,逐步向以实践型学位报告为主的论文模式过渡,并提出了五种毕业论文形式:重要岗位的实习报告、翻译实践报告、翻译实验报告、翻译调研报告、翻译研究论文。不难看出,学者们都认为从翻译硕士设置的初衷来看,其毕业论文应贴近实践,并根据实践形式及实践流程,提出了多种毕业论文的形式。但是根据笔者的走访调研及相关文献的查阅发现,翻译硕士毕业论文的选题形式偏重于翻译实践报告,并且呈逐年上升趋势,其他形式选择过少(如图 4-1 所示)。

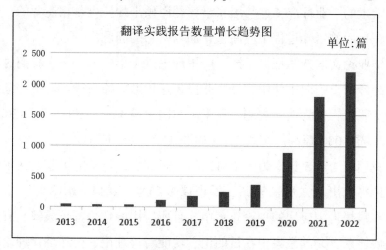

图 4-1　翻译实践报告数量增长趋势图

学生倾向于选择翻译实践报告，除字数因素外，有很大一部分原因是因为实践报告的自主性强，学生可以根据自身实践或者兴趣自主选择翻译材料和理论，这在一定程度上也降低了论文撰写的难度。其他论文形式，例如翻译实习报告，也与学生的实践紧密挂钩，但却很少有学生选择，究其原因，有以下几个方面：①一些翻译硕士在实践中分得的岗位与翻译无关，实践经历限制了其论文选题。②一些翻译硕士在实践中的岗位只是初稿翻译员，其翻译的稿件得不到及时反馈，并且未参与翻译公司的其他工作环节，不了解翻译项目的全貌及工作流程，实习经历不足以撑起整篇毕业论文。③翻译硕士在实践过程中接触到的稿件涉密，实践材料无法在论文中展示。④翻译硕士在实践过程中接触到的都是稿件的片段，或者只是只言片语，稿件达不到毕业论文的写作要求。⑤翻译硕士对相关理论知识掌握不扎实、不全面，没有足够的学术能力选择其他毕业论文形式（于慧，2022）。随着国家对专业学位的重视，翻译硕士的培养规模也在逐年扩展，每年有几万名毕业生走向社会，学位论文是检验其在学成果及学术水平的重要一环，过于单一的学位论文形式不仅不能很好地反映翻译硕士的培养成效，同时也在一定程度上降低了学生的毕业标准，这与国家培养翻译硕士的初衷是相违背的，也是我们在今后的培养过程中应注重并加以引导的问题。

毕业论文的选题把握不严，应用理论过于集中。上文中我们讨论了目前翻译硕士趋向于使用翻译实践报告这种形式撰写毕业论文。笔者以翻译实践报告作为搜索主题，在中国知网上检索了从 2011 年到 2022 年已发布的 6 000 篇翻译实践报告（如图 4-2、4-3 所示）。

我们以 4 至 5 年作为一个研究的时间节点，将学生毕业论文中应用的理论筛选出来做成柱状图，发现以下趋势：2014—2018 年，学生在翻译实践报告中应用的理论较集中，且所应用的理论都较成熟，有完整的发展体系，尤其是集中在目的论、功能对等理论、交际翻译理论和翻译转换理论上（见图 4-2）；2019—2022 年，学生的翻译实践报告中传统的目的论，顺应论、关联理论和功能翻译理论使用的比例也较高，但同时，应用理论的种类更加丰富，理论分布也较为分散，从之前的16种拓展到了63种，但是很多理论都比较小众，也只是应用了1至2次（见图4-3）。同时，部分论文出现了用两种及以上理论同时指导文本翻译的情况。不可否认的是，传统翻译理论在学生毕业论文中的应用仍比较广泛。但是旧理论的应用需遵循两个原则：一是论文撰写者对理论的应用开发了新的维度，二是翻译的文本本身比较有特色（赵亚娟等，2020）。笔者在调研过程中，发现学生在毕业论文撰写中应用理论的几大问题：①一些学生对论文所应用的理论不甚了解，甚至为了追求论文立意的新，选取一些小众理论对翻译文本进行分析，机械地套用论文的撰写模式，应用理论之前并没有考虑理论的适用性问题，造成分析过程牵强附会，生搬硬套，缺乏说服力。②一些学生墨守成规，用目的论等理论分析翻译文本，形成一批文章大体框架十分相似，布局度也高度类似的文章，造成翻译报告雷同题目偏多，如大量论文题目为目的论指导下××的翻译实践报告。③一些学生的毕业论文选取的翻译材料难度过大，不宜掌控，类似于《2019年政府工作报告》之类的政治题材文本，或者是《中华人民共和国民法典》这类的法律题材文本，翻译难度较大，其中的措辞需十分谨慎，学生如果选择这一类文本作为翻译材料的话，最后成稿的质量是值得商榷的。

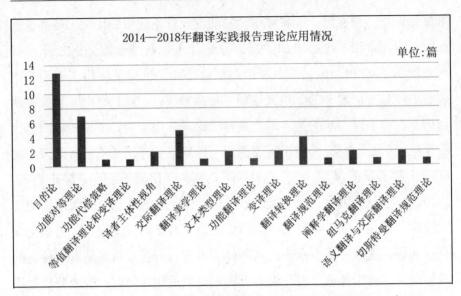

图 4-2 2014—2018 年翻译实践报告理论应用情况

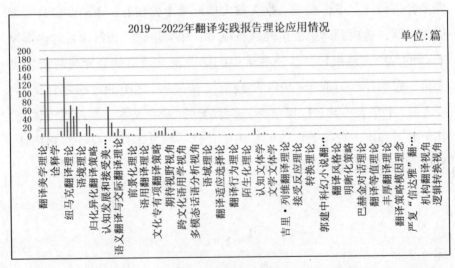

图 4-3 2019—2022 年翻译实践报告理论应用情况

毕业论文行文结构缺乏统一规范与指导。关于翻译硕士的毕业论文的形式，全国翻译硕士教学指导委员会发布的《翻译硕士专业学位基本要求》有明确的规定。各个翻译硕士培养单位结合自身特色与培养目标也都在教指委指导性培养方案的基础上确定了自己的毕业论文形式要求。但是关于不同形式毕业论文的行文结构却缺乏统一的规范。翻译硕士研究生的导师在指导学生进行毕业论文写作的过程中一般以学术型研究生的毕业论文撰写结构为模板。这样一来一方面无法体现翻译硕士的培养特色，另一方面学术型研究生毕业论文撰写结构也并不适用于翻译硕士的毕业论文写作形式。造成这种情况有几个方面的原因：①从翻译硕士教指委到大多数翻译硕士培养院校都没有制订关于翻译硕士各个类型毕业论文行文结构的规范性文件，造成导师在指导过程中缺乏参考资料，为了保险起见，只能按照传统学术型硕士研究生毕业论文的行文结构指导翻译硕士研究生的毕业论文（穆雷等，2011）。②翻译硕士的指导教师缺乏对各类型毕业论文以及其他省市和高校关于论文行文结构的了解，造成指导过程中照搬学术型论文的行文结构。③培养院校对翻译硕士毕业论文写作的重视程度不够，没有开设毕业论文写作指导相关课程，造成学生对论文行文结构缺乏正确的认识。据调研，上海市学位委员会办公室在 2012 年就订定了《上海市翻译硕士专业学位论文基本要求和评价指标体系》，体系中详细规定了翻译硕士专业学位论文撰写的内容要求、形式要求、选题说明、研究内容说明、研究方法说明、研究成果说明、论文格式要求以及论文评价指标体系，给上海市高校翻译硕士毕业论文的撰写提供了纲领性文件，其他省市和高校也可以以此为参考，执行自己的翻译硕士毕业论文撰写规范（柴明颎等，2013）。

4.2　理工类院校翻译硕士培养模式发展建议

在上一章节中，笔者全面分析了理工类翻译硕士培养院校目前发展过程中各个环节遇到的问题，这些问题都是阻碍翻译硕士学科前进的桎梏，在这一章节中，我们将针对具体问题各个击破，给出合理性的意见和建议，以推动翻译硕士学科的发展。

4.2.1　修订培养方案，突出翻译硕士的实践性

明确培养目标，提升创新意识，开设凸显院校特色的课程。根据全国翻译硕士教学指导委员会指导性培养方案要求，区别于本科阶段的翻译专业和研究生阶段的翻译学硕士，翻译硕士培养的是"高层次、应用型、专业性口笔译人才"，这是人才培养的总体框架。同时，指导性培养方案中还规定"各培养单位可根据自己的培养目标与师资特色确定选修课"，这从一个侧面说明了教指委鼓励各个培养院校在培养目标的设定上要有自身特色或符合地方经济发展需要。这也就意味着翻译硕士研究生不仅要有扎实的语言功底，同时还要精通具体专业或者行业的相关知识。理工类院校区别于文科院校或者综合类院校，其文科发展相对薄弱，师资力量、软硬件设施及培养经费都相对不足，在此背景下，培养翻译硕士就要挖掘院校特色、地方经济发展特色和优势学科，培养出有专业技能的毕业生。那么在培养目标的设定上，就要明确这一理念，在课程设置上和实践环节的组织中引入优势特色学科的因素。例如一些理工类大学的机械专业和材料专业是国家级重点学科，发展历史悠久，已形成了自己的专业特色，那么其翻译硕士专业在课程设置上可以增加工程翻译、机械术语翻译甚至一些专门介绍机械专业和材料专业的知识普及性课程，让翻译硕士在学期间就对其发展体系、专业术语及基础构造有了全面的了解，毕业后可以直接从事相关行业的翻译工作（董洪学等，2015）。同时在培养环节上要大胆创新，除了开设相关课程和进行实践教学外，还可以利用学生社团，建设翻译工作坊，在学院的帮助下承接一些翻译工作，模拟校外实践环节，使学生的实践形式可以进一步丰富，也可以在实践中进一步巩固课程知识。

开设相关理论课和中国语言文化类课程，梳理专业课脉络，形成课程体系。纵观目前市场需求，一名合格的翻译硕士，无论其将来从事哪个领域的翻译工作，都需要有扎实的双语能力、翻译策略选择能力、翻译工具的选择与使用能力、翻译专业基础知识以及面对压力强大的心理

素质。那么针对市场需求，我们在课程设置环节就要做出相应的调整。翻译硕士培养单位应首先遵循教指委发布的指导性培养方案，开设研究生必修的学位课。在此基础上，学习国外大学的先进教学经验，加大选修课比例并丰富课程教学内容，扩大选修课学分，使得学生可以根据自己的职业发展方向制订个性化的个人培养方案（史兴松等，2020）。同时还要注重对跨学科课程和跨专业课程的引入，可以邀请行业专家加入，在课堂教学过程中拓宽学生的知识领域。由于很多翻译硕士是跨学科考生，其外语功底薄弱，一些外语专业的研究生，写作功底也不容乐观。鉴于这种客观情况，可以开设外语写作或者是高级翻译/口译类课程，提升学生的外语翻译和写作能力。除了提升外语能力和引入行业知识外，研究生中文功底和专业知识能力也需要进一步培养，建议培养院校开设中国语言文化类课程，培养学生语言功底和双语转换技能。在开设课程的过程中，还应注重课程体系的构建、上下学期课程的衔接、梳理专业课脉络，形成完整的课程培养体系，与培养院校的培养目标保持一致。

面向市场需求，及时更新课程教材并调整授课内容。随着全球化进程的推进，我国语言行业得到了迅猛发展。然而《2022中国翻译人才发展报告》提出，我国翻译人才队伍建设存在高端翻译人才匮乏、非通用语种翻译人才不足、实践能力欠缺、激励不足、培养机制不活等问题。调查显示，65.4%的专家认为学科教育与实践需求脱节。目前市场需要的不仅仅是传统意义上的口笔译人才，而是具有多种行业技能的人才。例如，沿海城市一般需要商贸类翻译人才，大城市偏重于国际会议的翻译人才，旅游城市会需要旅游翻译方向的人才，内地城市一般偏重建筑、工程和工业类的翻译人才（张译丹，2012）。这就要求培养院校要面向市场需求，在教材的选用上不要拘泥于翻译硕士教指委指定的教材，要在此基础上大胆创新，根据自身培养专长和地方经济发展需要灵活选用适用教材。同时任课教师要根据时长和行业发展需求及时更新授课内容及课程讲授体系，理论讲授所占课时不要过多，要注重学生实践能力的培养。在课程讲授的内容上要更多偏重于非文学类文本的翻译策略、基础知识和翻译工具应用的讲授。同时选修课环节可以多开设一些类似项目管理、术语管理、本地化管理之类的课程，为学生将来的就业打下基础。这样培养出来的人才才更贴近市场需求，符合国家设置翻译硕士的初衷。

创新教学模式，区分学术型与专业型硕士研究生的培养流程。区别于学术型研究生，翻译硕士最突出的特征就是基于市场需求，注重实践，那么在教学模式上就要有所创新，不能拘泥于传统的课堂教授模式。据调研，国内一些大学（西北师范大学）除了采用传统的课堂讲授模式外，还创造性地开发出了参与式研讨、翻译工作坊、语料库教学、翻译志愿服务教学等多种多样的教学形式，这些都是值得借鉴和参考的（曹进等，2016）。同时，学术型和专业型研究生的培养方向不同，因此在培养流程上，特别是课程设置环节就要加以区分，调整理论课的比例，在课程讲授环节中调整讲授学时与实验学时的占比，还要避免学术型学位和专业型学位共用一套课程体系的现象，转变教学理念，突出专业学位实践性的特征。

重视学科建设，培养环节中加大业内人士参与比例。翻译硕士作为面向社会和市场需求的专业型复合人才，其培养离不开校外导师和业内人士的参与。抛开实践教学环节不说，在授课和讲座环节也需要业内人士的广泛参与。针对目前培养过程中业内人士参与度不高的问题，笔者认为应该从以下几个方面予以改进：首先，培养院校要提升对翻译硕士学科的重视程度，在顶层设计、学科建设规划和经费划拨方面予以倾斜，必要时可以将学位点业内人士参与数据作为年度考核的关键性指标之一。只有从根本上提升重视程度，才能更好地推进学科发展，改进培养过程。其次，借鉴国内外先进教学经验，邀请业内人士和校外导师参与课堂教学环节，介绍翻译流程，分享翻译经验，模拟真实的翻译场景。再次，统筹规划，培养院校提前规划好每学期需聘请业内人士举办的讲座和会议的次数及时间，与相关参与人员提前沟通，协调好时间和流程，保证业内人士的实际参与度。最后，建立教学和讲座的反馈机制，在每学期结束前以问卷调查或者重点人员座谈的形式，邀请学生和业内人士对讲座和课程的效果及运行机制进行反馈，收集有效信息，及时总结经验，针对师生集中反映的问题研究对策，在下一培养阶段中重点改进。

4.2.2　加强师资队伍建设，优化双选环节

革新人才选聘机制，培育专业师资团队。培养符合社会需要的、合格的翻译人才，师资力量是关键。培养院校应紧跟时代步伐，及时转变教育理念，在人才选聘、教师培训、上岗考核、职称评定和团队建设等方面建立考核制度和管理机制，多管齐下，保障师资队伍的建设。首先，要革新师资队伍选聘机制，敢于打破固化的选聘标准，引进实用型人才。例如，很多院校对招聘博士教师的年龄有限制，一般超过 35 岁且只有中级职称的博士教师，在很多院校的招聘环节都处于劣势，甚至在简历筛选环节就直接被淘汰；一些院校过于看重应聘者的学历，一些实际工作经验丰富但学历较低的应聘者往往希望渺茫。建议培养院校可以在原有人才选聘文件的基础上适当革新，放宽应聘者的年龄和学历限制，从翻译硕士的培养目标出发，选择适合培养实用型人才的应聘者加入现有师资团队中（赵利华等，2021）。其次，还可以将眼光放得更长远一些，响应国家号召，推进院校国际化进程，与国外大学或机构开展合作，适当引进国外大学或公司人才，为学生开设课程或举办讲座。再次，除了引进人才，还要对现有师资队伍进行培育。培育包括培训和深造两种形式。培养院校应定期组织翻译硕士的指导教师和任课教师参加翻译硕士教指委及行业内知名院校组织的培训和讲座活动；将青年教师作为培育重点，鼓励资助青年教师去国内外大学深造，提升学历层次；同时在物质保障和优惠政策方面予以适当倾斜，使得无论是参加培训还

是进行深造的教师都没有后顾之忧，为其今后的晋升铺平道路。接着，还要打造科研团队，根据研究方向将现有教师打造成多个科研团队，团队内部科研信息共享，团队可以定期进行内部交流，对在学生培养过程中的问题开展讨论，寻求解决之道；团队可以组织成员参加学术会议和校企交流活动，拓展知识领域，丰富知识结构；针对年轻教师的科研和评职需求，团队可以合作申请科研项目或是撰写高水平论文，集合团队的力量攻克学术难题，也为青年教师解决了后顾之忧。然后，培养院校还可以定期组织教师深入企业和校外实践基地，实地考察、学习，针对教学或是学生培养过程中的问题与企业负责人或是校外导师进行交流，在考察中提升自己并解决实际问题。最后，改革职称评聘机制，适当放宽翻译硕士任课教师和指导教师的评职条件，除了传统的论文和项目之外，可以适当引入实践环节的相关因素，例如一些译著，翻译作品或是翻译奖项等，使得教师在指导过程中无后顾之忧，可以充分投入到学生实践环节指导过程中(张译丹，2012)。

加强校企合作、高校交流，建立评聘机制，完善管理体制。翻译硕士研究生的培养，不仅要依靠校内导师的指导，也离不开校外导师的参与。翻译硕士的校外导师一般都是兼职导师，在其工作的领域也都是行业精英，平时工作比较繁忙，很少能抽出足够的时间或精力指导翻译硕士研究生。企业在与院校合作的过程中，作为翻译硕士的实践基地，仅仅参与学生的实践教学环节，缺乏足够的合作动力。针对目前出现的问题，培养院校应在管理体制、评聘机制、合作方式及考核方式上予以革新，以适应当前社会对翻译硕士的培养要求。首先，要完善翻译硕士校外导师评聘机制，校外导师在与培养院校签订合作协议时就要规定其在学生培养期间的义务和责任，同时还要适当引入竞争机制，对其实行动态管理，定期开展考核，对考核优秀者予以奖励，以此来充分调动其指导的积极性(仲伟合等，2016)。其次，要建立校外导师管理体制，在经费投入、岗前培训、组织机构、管理流程等方面制订规章制度并形成体系。如有条件，翻译硕士培养院校可以设置专职管理人员，以保障各个管理环节可以落到实处。再次，要加强校企合作，革新合作方式。翻译硕士培养院校在与企业合作时，要革新合作方式，建立校企联合人才培养模式，具体来说，就是企业不仅可以参与翻译硕士的校外实践环节，还可以根据自身需要培育潜在的翻译人才，并且在日后的毕业生选聘环节中具有优先选择权（于艳玲等，2015）。这样一方面可以充分调动企业的实践指导积极性，另一方面也为培养院校解决了部分毕业生的就业问题，学生的培养质量也得到了提高。在校企联合培养模式下毕业的翻译硕士，走向社会后，也会对企业的品牌进行宣传，企业在此过程中也逐渐扩大了知名度，可谓一举多得。最后，要加强高校交流与行业合作。培养院校在学生培养过程中，不要闭门造车，要加强与兄弟院校的交流合作，例如定期组织教师开展座谈会或参观交流活动，分享研究生培养经验，解决培养过程中的难题，共享资源，及时了解行业动态。

改革双选机制，充分发挥导师的指导作用。除了任课教师，导师在翻译硕士的培养过程中也起着举足轻重的作用，甚至可以说直接决定了能否培养出符合社会需要的合格人才。针对目前硕士生导师双选中的问题，建议培养院校从以下几个方面进行改进。首先，限制导师指导研究生人数上限。对指导人数的限制，一方面可以确保研究生的培养质量，另一方面也可以避免双选环节学生分配不均的问题。其次，规范双选环节，将双向选择的规则落到实处。这一方面可以使学生选择自己感兴趣的研究方向，从而在学习的过程中提高科研产出，另一方面也可以使导师选到合适的学生，使得后续的培养过程更加顺畅。再次，适当调整双选和选课的时间。据了解，大部分培养院校都将双选和选课时间定在了新生入学的两周内，仓促的时间使得很多学生对导师研究方向和课程的基本情况都不甚了解，建议培养院校可以将这两项工作的时间定在学生入学一个月之内，学生在选课前可以增加试听环节，这样一来，学生对导师和课程都有了更加充分的认知，也利于后续培养环节的顺利开展。

最后，适当扩充导师队伍。双选环节之所以没有很好地发挥作用，在很大程度上是由于导师数量过少，学生数量过多，双方没有灵活选择权，建议培养院校可以根据自己的招生规模，适当扩充硕士生导师队伍，在选聘硕士生导师时，要注重教师的研究方向和实践教学能力，多吸收青年教师，并及时更新导师队伍，确保导师队伍活力，这样才能为培养合格的翻译硕士研究生打下坚实的基础。

4.2.3　新增高水平实践基地，维护建设已有基地

提升认识，重视校内实践基地建设，加大资金投入，拓展实践途径，对接课堂教学。校内实践是翻译硕士实践环节的重要组成部分，可以直接对接课堂理论教学，起到必要的补充作用。同时由于校内基地建设是由培养单位主导的，在翻译环节设置和翻译任务承接上有更大的主导权。要想充分发挥校内实践基地的作用，首先，学校和学科要提升认识，充分认识校内实践基地的作用，并在资金投入和基地建设方面予以倾斜(辛红娟等，2014)。翻译硕士学科的招生规模在逐年扩大，为了培养高质量的生源，培养单位应根据学生体量适时建立或扩展校内实践基地，为学生提供相应的软硬件设施以适应其培养。校内基地的建设应充分考虑培养单位的学科优势及地方的经济发展需求，建立有自己特色的基地，这样才能使得学生在学期间得到充分锻炼，并对接毕业后的职业发展。其次，校内实践基地承接的翻译任务应尽量是真实的任务，例如可以以学院或者某位硕士生导师的名义对外承接翻译任务，进入基地的学生根据翻译公司的分工划分角色，对承接的翻译任务进行分解、翻译。这样不仅加强了学科与外部翻译公司和行业的联系，也有利于学生实践能力的锻炼，方便他们更好地适应校外实践，乃至将来的就业。再次，作为校外实践的必要补充部分，校内实践基地承接的翻译任务要尽量贴近学生课堂所学，这样能促进理论与实践的衔接，让学生在实践中验证理论，在课堂学习中进一步思考并巩固所学理论(杨朝军，2012)。最后，培养院校要拓展校内实践途径，除了建立传统的校内实践基地，

组织学生统一实践外，培养院校可以扩展实践途径，建立多种多样的校内实践形式，例如，可以利用已有的学生社团面向社会或校内其他学院承接翻译任务，帮助老师们翻译论文，校对稿件；可以成立翻译小组或者翻译工作坊，承接翻译任务。学生在社团、翻译小组或者翻译工作坊中分配角色，对承接的任务进行分解，并最终完成翻译项目；学生可以直接参与教师或者学院已有的翻译项目中，作为项目组成员参与稿件翻译及校对等具体工作。

基于学科特色，建设高质量校外实践基地，丰富实践岗位，寻求海外合作机会。

理工类翻译硕士培养单位，不同于外语类或者综合类培养院校，其文科发展不占优势，各类教学资源也相对欠缺，那么在实践基地的建设过程中，就不能照搬其他学校的培养模式，同校内实践基地一样，校外实践基地的建设也要考虑学科优势特色和地方的经济发展需要，这样才能培养出有特色的翻译硕士研究生，从而带动学科的长远发展。首先，在建设校外基地的过程中，培养院校不要被动地等、靠、要，而要充分利用自身的优势特色，以市场就业为导向，主动联系企业，寻找合作机会，并且在合作中就实践内容和形式等与企业多加沟通。其次，在建立实践基地后，要在校企双方互利共赢的前提下尽可能地丰富实践岗位，让参加实践的学生可以全面了解翻译项目的运行过程，而不是仅仅担任稿件的初级翻译工作。当然，由于培养单位学生自身的翻译水平和工作能力问题，翻译公司在分配任务时也会有所顾虑，不会把太核心的任务交给实习生，这就要求培养院校一方面要提升实践学生自身的素质，另一方面要积极与实践单位协商，在互利共赢的前提下为学生争取最大利益。再次，除了要丰富实践岗位，培养院校还要根据在校生数量逐年扩展校外实践基地，在增加数量的同时，还要提高质量，避免建设规模小、任务量不稳定、低质量的基地。接着，实践基地建成后，要有计划地逐年派送研究生，维护与实践基地的合作关系，避免由于学生派送不及时而出现合作关系中断的现象。基于培养院校特色和地方经济发展需要，培养院校要尽可能地拓展校外实践基地涵盖的行业领域，着眼翻译硕士的就业需要，使得学生的学习、实践和就业可以连贯。最后，除了在国内建立校外实践基地外，一些沿海大学可以寻求与海外公司合作的机会，和海外公司签订合作协议，就学分互换、实践内容和实践时长等达成一致。海外实践基地的建立，一方面可以拓展实践基地类型，另一方面也可以让学生参与更加真实的语言环境中，这对翻译硕士，尤其是口译方向学生的培养是大有裨益的。

建立完善的实践基地管理制度，平衡校企利益分配机制，实现基地的长远发展。翻译硕士实践基地，作为翻译硕士实践教学的重要一环，对其培养质量起着至关重要的作用。实践基地建立后，如何有效维护实践基地，并促成校企之间的长远发展，都是我们需要思考的地方。首先，要建立实践基地管理办法。正所谓无规矩不成方圆，实践基地的长远发展首先离不开一个合理的管理办法。管理办法的建立需要校企双方共同协商，最大限度地符合双方的共同利益需求。管理办法应包括管理组织机构和管理制度两个部分。管理组织机构应划分为多个层次，不同层次机构负责不同层级的工作，例如第一层级负责解读上级领导部门和院校的具体规章制度。第二层级负责处理实践过程中的重大事项，第三层级负责安排具体的实践工作。同时，管理机构在人员设置上，也应包括校企双方人员，避免管理工作出现一边倒的现象。基地管理制度应最少包括两个部分的内容，一是实践过程中对学生的监管流程，二是实践指导教师的评聘机制和优惠政策。在翻译硕士实践环节中，实践指导教师起着重要的作用，他们不仅监管学生实践流程，还对学生的翻译稿件进行指导，同时协调各个实践环节，对学生实践教学的高效完成起着举足轻重的作用。那么对实践指导教师的评聘就要有详细的规定，以保障翻译硕士研究生的实践效果。同时，实践指导教师以青年教师居多，青年教师的教学压力、科研压力和评职压力都很大，这就需要在政策上予以倾斜，使得青年教师可以安心指导学生实践，同时也不耽误自身的进步与晋升，提升青年教师参与实践指导的积极性。其次，要定期对基地进行评估和考核认证。根据教育部的工作要求，目前全国大部分学位点都在进行 2020—2025 年的周期性评估工作，对专业学位而言，实践基地的运行情况是评估数据中的重要一环。但是绝大多数翻译硕士学位授权点并没有单独组织对实践基地的考核评估工作，与实践基地签订合作协议后缺乏后续的跟踪评估和定期考核环节。考核和评估工作的缺乏造成翻译硕士培养单位对实践基地的实际运行情况缺乏了解，基地提供的实践岗位和学生实际的实践流程有可能和签订的协议有出入。这不仅造成学生的切身利益难以得到有效保障，还会影响实践教学的效果，乃至于培养出的研究生的实践素质。这都是今后翻译硕士培养过程中需要思考和改进的地方。

4.2.4　加强实践过程监管，确保学生实践质量

重视实践过程监督管理，提升学生实践积极性，保障实践效果。实践教学在翻译硕士培养过程中的重要性毋庸置疑。那么要保障实践效果，就离不开对学生实践过程的监管。只有制订科学合理的监管方案，才能全面保障实践质量。具体来说，从学生层面，在实践过程中，要积极主动，根据实践任务和分工成立实践小组，选派能力强的学生担任小组长，协助管理实践中的具体事务，同时还要按照实践单位和培养院校要求，提前制订实践计划，定期汇报实践进度，并上交分阶段实践总结报告，便于实践单位和培养院校对学生实践过程和效果的掌控。从实践单位的角度来说，首先，要注重进入基地学生的选拔，设定选拔方式及入职门槛，未达到入职要求的一律不接收；其次，要注重岗前培训，通过公司测试的学生，都要参加岗前培训，培训内容应包括公司简介、公司的运行方式和组织架构、公司的工作流程以及一些翻译软件和办公软件的使用方法，使得学生在实践前对公司及工作方式流程有全面的认识（张莹等，2011）。从培养单位的角度来说，首先，要选派实践指导教

师到实践基地全程参与学生的实践过程；其次，培养单位和实践基地的指导教师应成立联合培养小组，指导学生实践流程，分配具体的实践任务，并定期召开实践总结会议，实时跟踪学生实践教学，遇到问题及时沟通解决；最后，根据福州大学的相关经验，培养院校还应成立督导组，定期检查学生的实践情况，检查可以分为实地考察和远程考察两种，培养院校可以根据实际情况灵活选择考察方式（林继红等，2019）。以上监管方式适用于由培养院校统一组织的基地实践。那么对由研究生自行联系的或是导师联系的实践，培养院校应对实践时间、实践单位、项目的实践资质和具体实践任务严格把关，考察其是否符合专业学位实践的要求。对与专业无关或者实践单位资质不合格的实践任务坚决否定，避免学生实践时长不够或者应付了事。除了严格审批报备流程，同样要加强监督管理，培养单位需要定期对这两类实践单位进行走访考核，学生需定期汇报实践情况，以便培养单位可以真实掌握学生的实践过程，确保实践效果。

指导教师积极参与学生实践，全面把控实践效果。学生的实践教学，离不开校内外导师和专职实践指导教师的参与。校内导师和校外导师在学生的实践教学过程中要有明确的分工。校内导师主要负责理论指导，校外导师主要负责实践指导。同时，指导教师要加强对学生实践前的培训、实践中的指导和实践后的评价。除了校内导师和校外导师的参与，培养院校和实践单位还要选派专职实践指导教师，全程参与学生的实践过程，对实践过程进行监督，同时针对实践过程中出现的问题与培养院校或实践单位及时沟通，确保问题及时解决，实践顺畅。除了监督实践过程，还要组织学生分组定期汇报实践内容，制订下一阶段的实践规划。

改革学生考核评价机制与流程，客观评价实践效果。实践考核是翻译硕士实践教学的最后一个环节，是对学生实践效果的全面总结。那么如何考核学生的实践效果，考核评价的机制与流程应如何设定，都是值得我们思考的问题。经过多方考察与调研，我们建议所有实践教学的参与者都应被纳入实践考核的机制中来，从多个维度，运用多种方式对学生的实践效果进行打分和考核。从学生的角度来讲，应根据实践单位和培养单位的要求，提前制订实践计划，定期提交实践总结报告，按时参加小组讨论会，总结实践效果，反馈遇到的问题并及时解决。从实践指导教师的角度来讲，无论是校内导师、校外导师还是专职实践指导教师，都不应该纸上谈兵，而是应该切实地参与学生实践教学的环节中，在评价学生的实践效果前，如果有条件，应该深入学生的实践基地进行实地考察，在充分了解基地及学生的实践情况后再对实践效果做出评价。从培养单位的角度来说，应注重过程考核，不应该仅仅靠学生最终提交的实践总结报告或是答辩时展示的 PPT 就给出实践分数，而应该将实践教学拆分成若干环节，每个环节占据一定比例，最终按比例核算出学生实践教学的总体得分。从实践基地的角度来说，翻译硕士进行完实践后，在打分之前应设有答辩环节或者成立专门的评审组，对学生的实践效果客观打分，而不是仅靠一两个带队老师或者是一个项目负责人就对整组学生的实践评分。

4.2.5 拓展毕业论文写作形式，提升论文写作质量

丰富实践教学内容，拓展毕业论文写作形式。在上文中，我们探讨了翻译硕士的毕业论文写作形式，包括教育部的规定、翻译硕士教指委的要求以及相关学者的建议。同时也分析了现在翻译硕士毕业论文的选题偏好及变化趋势。针对学生们偏向于采用翻译实践报告的形式，我们分析这与学生的实践教学情况及不同类型论文的写作难度有关。那么为了拓展学生的毕业论文写作形式，我们建议从如下几个方面采取措施：①丰富学生的实践教学形式，积极与实践单位沟通，拓展学生实践岗位，帮助学生全面参与实践单位的各个工作环节中，了解翻译公司的运行全貌。②加强实践指导，强化校内导师、校外导师及实践指导教师的跟踪指导作用，对学生实践中的翻译稿件及时审核并反馈修改意见。③

丰富实践形式，使得学生可以在有限的时间内去多家单位实践，丰富论文写作的实践材料。④加强理论学习，翻译硕士培养单位、硕士生导师及任课教师在研究生课程教学及后续的培养环节中，应加强对翻译理论的讲解，使得学生在筹备毕业论文写作前可以对应用理论的全貌有清楚的认知，在此基础上针对自己的写作内容和选题形式有针对性地取舍，拓宽选题和写作范围。⑤加强引导教育，很多学生之所以选择翻译实践报告这种写作形式，是源于其自主性强，选题范围自由，且字数要求相对较低。换句话说就是学生在毕业论文选题和写作方面存在畏难情绪，也可以说对专业学位教育的目的认识不到位，认为读研究生就只是为了能拿到硕士学位，因此在毕业论文写作环节自然避重就轻。实际上，教育部和翻译硕士教指委在规定毕业论文形式的时候，综合考虑了各种因素，参考了学生在课程学习和实践教学过程中可能接触到的各种资料，并在此基础上制订了方案。举例来说，现在很少有学生选择翻译研究论文这种写作形式，但实际上，我国翻译硕士学位发展时间短，在发展过程中虽然取得了不小的成就，但是也遇到了很多实际问题，对这些问题的探讨和解决也是十分必要的。因此，虽然翻译研究论文这种写作形式看似与学生的实践教学或者是翻译硕士的培养目标相差甚远，但是实际上在翻译硕士的培养过程中有着十分重要的作用。再比如，很少有学生选择翻译实验报告或者是翻译实习报告这两种形式，一是与学生在实践教学中接触到的数据材料有关，另一方面就是我们上文提到的畏难情绪，实际上这两类论文都有利于锻炼学生的实践能力、观察思考能力和总结能力。因此我们建议翻译硕士培养单位和硕士生导师要加强对学生的引导，让他们对不同类型的毕业论文有正确的认识，对翻译硕士学位的培养目标有清晰的概念，从而结合自己课堂所学和实践教学，选择最适合自己的毕业论文写作形式。

成立评审小组，严把选题质量。根据调研，绝大多数翻译硕士培养院校的毕业论文写作流程均包括开题答辩、中期答辩、毕业预答辩和毕业答辩。在这些答辩环节中，培养院校会成立专门的答辩委员会对学生的毕业论文进行审查，发现问题及时纠正，以保障毕业论文质量。在上文中，我们发现部分翻译硕士在论文选题、理论应用方面存在一定问题，也有一些明显的发展趋势，针对这些现象，我们建议翻译硕士培养院校采取如下措施：①除正常的培养流程外，建议培养院校成立论文选题评审小组，在开题答辩之前对学生的论文选题、应用理论及论文写作形式进行全面论证，避免应用理论、写作形式过于集中的现象，也避免应用理论过于陈旧或者一味追求创新而忽略了理论的适用性问题（刘小蓉等，2016）。②加强导师是研究生培养第一责任人的理念，培养院校要重视并加强对导师的培训，每学期定期开展相关讲座或者培训，强调毕业论文质量和选题审查的重要性，使得学生在确定论文题目之前，导师先把好第一关。③对研究生而言，除了完成培养方案中的课程外，建议积极参加相关的学术活动，拓宽理论视野，加深对相关理论理解的深度，培养院校也要重视此项工作，定期开展相关学术讲座，有条件的可以举办相关会议，鼓励支持研究生积极参与相关学术活动，导师也可以带研究生参加国内外相关学术会议，了解学术前沿动态。④培养院校要制订论文评审及答辩程序，严控学生毕业质量，对论文选题、开题答辩、中期答辩、毕业预答辩或者是毕业答辩环节中不合格的学生，令其限期整改并参加下一轮答辩，杜绝宽进宽出。⑤在课程设置环节，增设翻译理论相关课程，对经典理论、热门理论及新兴小众理论进行深入讲解，为学生的论文选题打下坚实基础。

制订撰写与行文规范，统一毕业论文行文结构。对学术型硕士而言，各培养院校都制订有相应的撰写规范，且经过多年的发展，其规范发展较成熟，行文体系也较完善。相比较而言，翻译硕士各个类型的毕业论文则缺乏相应的撰写规范，对这个现象，我们建议从以下几个方面采取措施予以改进：①全国翻译硕士教指委，作为翻译硕士研究生培养的上级指导部门，应带头制订并细化翻译硕士毕业论文类型及各种类型论文的行文规范(穆雷等,2011)。②翻译硕士培养院校应跳出学术型硕士研究生的培养模式,根据自身特色,在教指委文件的基础上,制订并细化自己各个类型翻译硕士毕业论文撰写规范和行文结构要求。③翻译硕士培养院校应提升对翻译硕士毕业论文写作环节的重视程度,开设论文写作相关课程并加强对学生写作环节、论文结构、论文格式审核与指导工作的重视程度。④硕士生导师在研究生培养过程中,需要对学生毕业论文的行文结构及撰写规范有全面的了解,并加强对学生的指导与把控。⑤对学生而言,也要提升对论文格式和行文规范的重视程度,在论文撰写过程中对照相关规定反复修改自己的论文。

参考文献

[1] 仲伟合. 对《普通高等学校本科翻译专业教学指南》的几点看法[J]. 当代外语研究, 2021(5).

[2] 张莹. 当代中国译学发展史: 1979-2019[M]. 天津: 南开大学出版社, 2020.

[3] 黄忠廉, 张潇. 翻译学科百年: 演进、反思与趋势[J]. 上海翻译, 2020(6).

[4] 王克非. 新中国翻译学科发展历程[J]. 外语教学与研究, 2019, 51(6).

[5] 张士东, 彭爽. 翻译专业学位研究生教育招生院校存在问题与对策[J]. 上海翻译, 2018(2).

[6] 任文. 新时代语境下翻译人才培养模式再探究: 问题与出路[J]. 当代外语研究, 2018(6).

[7] 仲伟合. 十年扬帆, 蓄势远航: MTI 教育十年回顾与展望[J]. 中国翻译, 2017, 38(3).

[8] 仲伟合. 对翻译重新定位与定义应该考虑的几个因素[J]. 中国翻译, 2015, 36(3).

[9] 仲伟合. 我国翻译专业教育的问题与对策[J]. 中国翻译, 2014, 35(4).

[10] 平洪. 翻译本科教学要求解读[J]. 中国翻译, 2014, 35(1).

[11] 苗菊, 杨清珍. 崇尚质量, 追求卓越——国际大学翻译学院联合会

（CIUTI）的翻译教育理念[J].语言教育，2014，2(3).

[12] 李红丽.翻译课程内涵及价值体现[J].外语学刊，2014(1).

[13] 冯思敏.浅谈翻译与外语学科的关系[C].中国比较文学学会翻译研究
　　 会、中国翻译协会翻译理论与翻译教学委员会、教育部全国 MTI 教育
　　 指导委员会、广西翻译协会，2013：11.

[14] 朱文静.我国文化贸易的影响因素与发展研究[D].南京大学，2012.

[15] 陈玉莲.翻译产业及其前景分析——上海世博会视角[J].经济研究导
　　 刊，2012(16).

[16] 仲伟合.高等学校翻译专业本科教学要求[J].中国翻译，2011，32
　　 (3).

[17] 辛全民.中国翻译史的分期新探[J].广东外语外贸大学学报，2011，
　　 22(2).

[18] 孔令翠，王慧.MTI 热中的冷思考[J].外语界，2011(3).

[19] 冯全功，张慧玉.以职业翻译能力为导向的 MTI 笔译教学规划研究
　　 [J].当代外语研究，2011(6).

[20] 唐继卫.加强翻译硕士教育工作　适应翻译产业发展需要[J].中国翻
　　 译，2010，31(1).

[21] 郭晓勇.中国语言服务行业发展状况、问题及对策——在 2010 中国国
　　 际语言服务行业大会上的主旨发言[J].中国翻译，2010，31(6).

[22] 许钧，穆雷.中国翻译研究 1949-2009[M].上海：上海外语教育出版
　　 社，2009.

[23] 文军，穆雷.翻译硕士(MTI)课程设置研究[J].外语教学，2009，30
　　 (4).

[24] 沈苏儒.有关跨文化传播的三点思考[J].对外传播，2009(1).

[25] 柴明颎.专业口笔译教学建构——现状、问题和思考[C].国务院学位
　　 委员会、教育部翻译硕士(MTI)专业学位教育指导委员会、中国翻译
　　 协会翻译理论与翻译教学委员会、北京大学翻译硕士(MTI)教育中

心，2009.

[26] 杨晓荣. 翻译专业：正名过程及正名之后[J]. 中国翻译，2008(3).

[27] 庄智象. 我国翻译专业建设—问题与对策[D]. 上海外国语大学，2007.

[28] 李军，黄宝印，朱瑞. 改革和完善外语专业研究生培养模式 培养翻译硕士专业学位人才[J]. 中国翻译，2007(4).

[29] 胡菊花. 从中国文化的"走出去"看翻译策略的调整——兼评《围城》的英译本[J]. 咸宁学院学报，2007(1).

[30] 何莲珍. 基于汉、英语平行语料库的翻译数据库设计[J]. 现代外语，2007(2).

[31] 仲伟合. 翻译专业硕士(MIT)的设置——翻译学学科发展的新方向[J]. 中国翻译，2006，27(1).

[32] 杨自俭. 如何推动翻译学的建设与发展[J]. 上海翻译，2005(3).

[33] 田雨. 翻译学学科建设的新起点——2004年中国译坛综述[J]. 中国翻译，2005(2).

[34] 谭载喜. 翻译学：作为独立学科的今天、昨天与明天[J]. 中国翻译，2004(3).

[35] 潘文国. 论"对外汉语"的学科性[J]. 世界汉语教学，2004(1).

[36] 李红青，黄忠廉. 外语专业翻译课的定位问题[J]. 外语与外语教学，2004(11).

[37] 吴启金. 翻译教育要进一步与市场需求相衔接[J]. 外语与外语教学，2002(7).

[38] 柯平，鲍川运. 世界各地高校的口笔译专业与翻译研究机构(下)[J]. 中国翻译，2002(6).

[39] 柯平，鲍川运. 世界各地高校的口笔译专业与翻译研究机构(上)[J]. 中国翻译，2002(4).

[40] 冯乐璋. 我国近代外语教育研究[D]. 西北师范大学，2002.

[41] 张美芳. 外语教学如何迎接 21 世纪的挑战？——香港高校的翻译教学给我们的启示[J]. 外语与外语教学，2001(1).

[42] 杨柳. 翻译研究与翻译教学的新理念———全国暑期英汉翻译高级研讨讲习班带来的思考[J]. 中国翻译，2001(5).

[43] 穆雷. 中国翻译教学研究[M]. 上海：上海外语教育出版社，1999.

[44] 林煌天. 略论我国外国文学翻译工作的发展[J]. 福建外语，1995(Z1).

[45] 沈苏儒. 继承·融合·创立·发展——我国现代翻译理论建设刍议[J]. 中国翻译，1992(5).

[46] 谭载喜. 试论翻译学[J]. 外国语(上海外国语学院学报)，1988(3)：24-29.

[47] 谭载喜. 必须建立翻译学[J]. 中国翻译，1987(3).

[48] 周银凤. 山东省英语翻译人才需求分析及启示[J]. 临沂大学学报，2022，44(02).

[49] 李婧，李仁德. "三全育人"视角下高校图书馆引导式科研竞赛服务探究——以上海理工大学图书馆为例[J]. 图书馆界，2022(01).

[50] 安丰存，李柏年. 新文科视阈下外语课程思政与外语人才核心素养培养[J]. 外语电化教学，2021(06).

[51] 秦奎伟，张宏亮. 书院制模式下"三全育人"导师制的探索与实践研究——以北京理工大学为例[J]. 工业和信息化教育，2021(03).

[52] 胡安江. 翻译专业教学管理与人才培养：新趋势、新变局与新思路[J]. 中国翻译，2021，42(01).

[53] 权培培，段禹，崔延强. 文科之"新"与文科之"道"——关于新文科建设的思考[J]. 重庆大学学报(社会科学版)，2021，27(01).

[54] 戴文静，韩祎楠. 协同创新视阈下图书馆助力高校"双一流"建设的探索与研究——以哈尔滨工业大学图书馆为例[J]. 新世纪图书馆，2020(07).

[55]黄启兵，田晓明."新文科"的来源、特性及建设路径[J].苏州大学学报(教育科学版)，2020，8(02).

[56]段禹，崔延强.新文科建设的理论内涵与实践路向[J].云南师范大学学报(哲学社会科学版)，2020，52(02).

[57]穆雷.我国翻译硕士专业学位现状与问题——基于《翻译硕士专业学位发展报告》的分析研究[J].中国翻译，2020，41(01).

[58]阳明凤，李延林.翻译专业硕士生实践教学保障体系构建的原则、目标及对策[J].现代英语，2020(01).

[59]王铭玉，张涛.高校新文科建设思考与探索——兼谈外国语言文学学科建设[J].天津外国语大学学报，2019，26(06).

[60]穆雷，李雯.翻译硕士专业学位论文写作模式的再思考——基于704篇学位论文的分析[J].学位与研究生教育，2019(11).

[61]王立非，王婧.翻译硕士专业学位研究生就业能力实证研究[J].上海翻译，2016(02).

[62]钱多秀，杨英姿.北京地区翻译硕士专业学位(MTI)教育：经验、反思与建议[J].中国翻译，2013，34(02).

[63]程林华，刘芹，禹一奇.翻译市场导向的翻译人才培养研究——以理工科MTI为例[J].语文学刊(外语教育教学)，2012(11).

[64]任文.MTI口译方向专业实习探索[J].中国翻译，2012，33(06).

[65]马燕红.翻译硕士专业课程设置调查与思考[J].重庆科技学院学报(社会科学版)，2012(07).

[66]西北工业大学外国语学院[J].西北工业大学学报(社会科学版)，2016，36(03).

[67]刘法虎，张彦通.学科变革与大学转型的历史检视[J].清华大学教育研究，2011，32(04).

[68]刘桂兰.面向水利行业的工程翻译人才培养途径——以南昌工程学院为例[J].南昌工程学院学报，2011，30(02).

[69]苗菊，王少爽. 翻译行业的职业趋向对翻译硕士专业(MTI)教育的启示[J]. 外语与外语教学，2010(03).

[70]仲伟合. 翻译硕士专业学位教育点的建设[J]. 中国翻译，2007(04).

[71]于慧. 翻译实习报告论文模式探究[J]. 今古文创，2022(19).

[72]赵利华，杨东. 浅析行业特色MTI教育的困境与对策——以民航类院校为例[J]. 现代交际，2021(04).

[73]史兴松，牛一琳. 国内外翻译硕士人才培养模式对比研究[J]. 中国翻译，2020，41(05).

[74]赵亚娟，刘猛. 翻译硕士学位论文理论与文本匹配情况研究[J]. 海外英语，2020(08).

[75]林继红，潘红. 翻译专业硕士(MTI)实习实践基地的建设与思考——以福州大学MTI实习实践基地为例[J]. 福建教育学院学报，2019，20(04).

[76]陈思伊. 翻译硕士培养的远虑与近忧[J]. 海外英语，2018(09).

[77]平洪. 翻译硕士专业学位论文设计与写作[J]. 中国翻译，2018，39(01).

[78]仲伟合，姚恺璇. 从专项评估看翻译硕士专业学位教育的问题[J]. 东方翻译，2016(02).

[79]曹进，靳琰. 市场驱动下的翻译硕士培养模式——以西北师范大学为例[J]. 中国翻译，2016，37(02).

[80]刘小蓉，文军. MTI学位毕业论文调查：现状与对策[J]. 外语教学，2016，37(02).

[81]于艳玲，游振声. 校企协作培养模式下翻译硕士社会实践质量的评价及提升路径[J]. 高等工程教育研究，2015(04).

[82]刘变. 翻译硕士专业学位人才在培养过程中的问题及解决对策[J]. 继续教育研究，2015(05).

[83]董洪学，张晴. 翻译硕士(MTI)专业学位实习基地建设模式创新思考

[J]. 外语电化教学, 2015(02).

[84] 辛红娟, 王昱. MTI 实习基地建设与管理的实践和思考——以中南大学外国语学院 MTI 实习基地建设为例[J]. 翻译论坛, 2014(01).

[85] 柴明颎, 李红玉. 上海市翻译硕士专业学位论文基本要求和评价指标体系[J]. 东方翻译, 2013(03).

[86] 王志伟. 美国应用型翻译人才培养及其对我国 MTI 教育的启示[J]. 外语界, 2012(04).

[87] 张译丹. 全日制专业学位研究生培养模式——以 MTI 翻译硕士为例探讨专业硕士在培养中的现实困境[J]. 学园(教育科研), 2012(15).

[88] 穆雷, 杨冬敏. 翻译硕士学位论文评价方式初探[J]. 外语教学, 2012, 33(04).

[89] 董洪学. 翻译硕士专业学位教育中存在的问题及对策[J]. 教学研究, 2012, 35(03).

[90] 杨朝军. 产业化视域下的翻译硕士培养模式[J]. 中国翻译, 2012, 33(01).

[91] 张莹, 柴明颎, 姚锦清. 翻译硕士专业学位(MTI)实习模块的设计[J]. 东方翻译, 2011(05).

[92] 穆雷, 邹兵. 翻译硕士专业学位毕业论文调研与写作探索——以 15 所高校首批 MTI 毕业生学位论文为例[J]. 中国翻译, 2011, 32(05).

后　记

在完成《理工类院校翻译硕士培养模式探究》这本书的撰写之后，我深感荣幸和满足。本书的撰写是基于对翻译硕士专业学位教育发展现状的深入研究和分析。通过对现有模式的分析和总结，使读者可以对理工类院校翻译硕士培养模式面临的问题和挑战有了更加清晰的认识。

在研究过程中，我发现当前理工类院校翻译硕士培养模式存在诸多问题，如课程设置不够贴近实际需求、师资队伍建设和双选环节有待改进、实践基地建设和维护不够完善、实践过程监管不够严格、毕业论文选题和写作存在问题等。这些问题直接影响了翻译硕士专业学位研究生教育的质量和效果。

为了解决这些问题，我提出了一些改进和发展的建议。首先，建议加强课程设置的实践性和专业性，紧密结合行业需求，提供更加贴近实际的培养方案。其次，要加强师资队伍建设，提高导师的专业水平和教学能力，确保学生能够得到优质的指导和支持。同时，要加强实践基地的建设和维护，提供更多实践机会和资源，使学生能够在真实的工作环境中锻炼和提升自己的翻译能力。此外，还要加强对实践过程的监管，确保学生的实践活动符合规范和要求。最后，关于毕业论文选题和写作，建议加强论文指导和规范，提供学术写作的培训和支持，帮助学生顺利完成高质量的毕业论文。

通过这些改进措施的实施，我相信理工类院校翻译硕士培养模式将会得到进一步完善，翻译硕士专业学位研究生教育的质量和效果将会得到明显提升。我希望本书能够为相关教育机构和从事翻译硕士教育的教师提供有益的参考和指导，促进翻译硕士专业学位研究生教育的进一步发展，培养更多高水平的翻译人才，满足社会对翻译专业人才的需求。

在撰写《理工类院校翻译硕士培养模式探究》这本书的过程中，我意识到了一些不足，并计划采取一些改进措施来弥补。

首先，调研范围有限。由于时间和资源的限制，我只能选择一部分具有代表性的理工类院校进行研究。这可能导致研究结果的局限性，从而无法全面反映所有院校的翻译硕士的培养模式。为了解决这个问题，我计划在后续的研究中扩大调研范围，涵盖更多的院校，以获得更全面的数据和结论。

其次，对于一些具体问题的研究可能不够深入和详尽。在研究过程中，我尽力收集了相关的文献和资料，但由于篇幅和时间的限制，无法对每个问题进行深入的探讨。为了改进这一点，我计划在后续的研究中加强对特定问题的探究，包括对翻译硕士培养模式中的课程设置、教学方法、实践环节等方面进行更详细的分析和讨论。

此外，个人经验和知识的限制也可能影响到本研究的全面性和准确性。翻译涉及多个领域和专业，每个领域都有其独特的特点和需求。为了弥补个人知识的不足，我计划在后续的研究中加强与相关领域专家的合作，借鉴他们的专业知识和经验，以确保研究结果的准确性和可靠性。

最后，对于提出的改进和发展建议，可能存在一定的主观性和局限性。这些建议是基于我的研究和分析得出的，但可能受到个人观点和经验的影响。为了提高建议的客观性和可行性，我计划在后续的研究中加强与相关师生和专家的交流和讨论，包括与翻译硕士培养相关的教师、学生和行业专家，以获得更多的反馈和意见。

综上所述，我意识到了《理工类院校翻译硕士培养模式探究》这本书在撰写中的不足之处，并计划通过扩大调研范围、深入研究具体问题、加强与相关领域专家的合作与交流来改进这些不足。通过这些改进措施，希望能够提高研究的全面性和准确性，为翻译硕士专业学位研究生教育的发展做出更有价值的贡献。谢谢！